RECUEIL

DES

MEILLEURS CONTES

EN VERS.

CONTES

ET

NOUVELLES

EN VERS

PAR

M. DE LA FONTAINE.

TOME SECOND.

A LONDRES.

M. DCC. LXXVIII.

PRÉFACE

DE

L'AUTEUR,

Sur le second Tome de ces Contes.

VOICI les derniers Ouvrages de cette nature qui partiront des mains de l'Auteur ; & par conséquent la derniere occasion de justifier ses hardiesses, & les licences qu'il s'est données. Nous ne parlons point des mauvaises rimes, des vers qui enjambent, des deux voyelles sans élision, ni en général de ces sortes de négligences qu'il ne se pardonneroit pas lui-même en un autre genre de Poésie ; mais qui sont inséparables, pour ainsi dire, de celui-ci. Le trop grand soin de les éviter jetteroit un Faiseur de Contes en de longs détours, en des récits auſſi froids que beaux, en des contraintes fort inutiles, & lui feroit négliger le plaiſir du cœur pour travailler à la ſatisfaction de l'oreille. Il faut laiſſer les narrations étudiées pour les grands ſujets, & ne pas faire un Poëme Epique des aventures de Renaud d'Aſt. Quand celui qui a rimé ces Nouvelles y auroit apporté tout le ſoin & l'exactitude qu'on lui demande ; outre que ce ſoin s'y remarqueroit d'autant plus qu'il y eſt moins néceſſaire, & que cela contrevient aux préceptes de Quintilien ; encore l'Auteur n'auroit-il pas ſatisfait au principal point, qui eſt d'attacher le lecteur, de le réjouir, d'attirer malgré lui ſon attention, de lui plaire enfin. Car, comme l'on ſait, le ſecret de plaire ne conſiſte pas toujours en l'ajuſtement, ni même en la régularité : il faut du piquant & de l'agréable, ſi l'on veut toucher. Combien voyons-nous de ces beautés régulieres qui ne touchent point, & dont perſonne n'eſt amoureux ? Nous ne voulons pas ôter aux modernes la louange qu'ils ont méritée. Le beau tour des vers, le beau langage, la juſteſſe, les bonnes rimes ſont des perfections en un Poëte ; cependant que l'on conſidere quelques-unes de nos Epigrammes

où tout cela se rencontre ; peut-étre y trou-
vera-t-on beaucoup moins de sel, j'oserois
dire encore bien moins de graces, qu'en celles
de Marot & de S. Gelais ; quoique les ouvrages de ces derniers soient presque tous
pleins de ces mémes fautes qu'on nous im-
pute. On dira que ce n'étoient pas des fautes
en leur siecle, & que ç'en sont de très-grandes
au nôtre. A cela nous répondons par un
méme raisonnement, & disons comme nous
avons déjà dit, que ç'en seroit en effet dans
un autre genre de Poésie, mais que ce n'en
sont point dans celui-ci. Feu Monsieur de
Voiture en est le garant. Il ne faut que
lire ceux de ses ouvrages où il fait revivre
le caractere de Marot : car notre Auteur ne
prétend pas que la gloire lui en soit dûe, ni
qu'il ait mérité non plus de grands applau-
dissemens du public pour avoir rimé quelques
Contes. Il s'est véritablement engagé dans
une carriere toute nouvelle, & l'a fournie
le mieux qu'il a pu ; prenant tantôt un
chemin, tantôt l'autre ; & marchant toujours plus assurément quand il a suivi la
maniere de nos vieux Poëtes, *Quorum
in hac re imitari negligentiam exoptat,
potius quàm istorum diligentiam. Mais*

en difant que nous voulons paffer ce point-
là, nous nous fommes infenfiblement enga-
gés à l'examiner ; & peut-être n'a-ce pas
été inutilement ; car il n'y a rien qui ref-
femble mieux à des fautes que ces licences.
Venons à la liberté que l'Auteur fe donne de
tailler dans le bien d'autrui ainfi que dans le
fien propre, fans qu'il en excepte les Nouvelles même les plus connues, ne s'en trouvant point d'inviolable pour lui. Il retranche,
il amplifie, il change les incidens & les cir-
conftances, quelquefois le principal événe-
ment & la fuite ; enfin ce n'eft plus la même
chofe ; c'eft proprement une Nouvelle nouvelle ; & celui qui l'a inventée auroit bien de la
peine à reconnoître fon propre ouvrage. Non
fic decet contaminari Fabulas, diront les
Critiques. Et comment ne le diroient-ils pas?
Ils ont bien fait le même reproche à Térence,
mais Térence s'eft moqué d'eux, & a prétendu
avoir droit d'en ufer ainfi. Il a mêlé du fien
parmi les fujets qu'il a tirés de Ménandre,
comme Sophocle & Euripide ont mêlé du leur
parmi ceux qu'ils ont tirés des Ecrivains
qui les précédoient, n'épargnant Hiftoire ni
Fable où il s'agiffoit de la bienféance & des
regles du Dramatique. Ce privilege ceffera-

t-il à l'égard des Contes faits à plaisir; & faudra-t-il avoir dorénavant plus de respect & plus de religion, s'il est permis d'ainsi dire, pour le mensonge, que les Anciens n'en ont eu pour la vérité? Jamais ce qu'on appelle un bon Conte ne passe d'une main à l'autre sans recevoir quelque nouvel embellissement. D'où vient donc, nous pourra-t-on dire, qu'en beaucoup d'endroits l'Auteur retranche au-lieu d'enchérir? Nous en demeurons d'accord, & il le fait pour éviter la longueur & l'obscurité, deux défauts intolérables dans ces matieres, le dernier sur-tout : car si la clarté est recommandable en tous les ouvrages de l'esprit, on peut dire qu'elle est nécessaire dans les récits, où une chose la plupart du tems, est la suite & la dépendance d'une autre, où le moindre fonde quelquefois le plus important ; enforte que si le fil vient une fois à se rompre, il est impossible au lecteur de le renouer. D'ailleurs, comme les narrations en vers sont très-malaisées, il se faut charger de circonstances le moins qu'on peut. Par ce moyen vous vous soulagez vous-même, & vous soulagez aussi le lecteur à qui l'on ne sauroit manquer d'apprêter des plaisirs sans peine. Que si l'Auteur a changé quelques incidens, & même quelque cataſtrophe, ce qui préparoit cette cataſtrophe & la néceſſité de la rendre heureuſe l'y ont contraint. Il a cru que dans ces ſortes de Contes chacun devoit être content à la fin : cela plaît au lecteur, à moins qu'on ne lui ait rendu les perſonnes trop odieuſes : mais il n'en faut point venir là ſi l'on peut, ni faire rire & pleurer dans une même Nouvelle. Cette bigarrure déplaît à Horace ſur toutes choſes : il ne veut pas que nos compoſitions reſſemblent aux groteſques, & que nous faſſions un ouvrage moitié femme moitié poiſſon. Ce ſont les raiſons générales que l'Auteur a eues : on en pourroit encore alléguer de particulieres, & défendre chaque endroit ; mais il faut laiſſer quelque choſe à faire à l'habileté & à l'indulgence des lecteurs. Ils ſe contenteront donc de ces raiſons-ci. Nous les aurions miſes un peu plus en jour, & fait valoir davantage, ſi l'étendue des Préfaces l'avoit permis.

CONTES

CONTES
DE
LA FONTAINE.

LES OYES
DE FRERE PHILIPPE.
Nouvelle tirée de Bocace.

JE dois trop au beau sexe ; il me fait trop
d'honneur

A

De lire ces récits : si tant est qu'il les lise.
Pourquoi non ? C'est assez qu'il condamne en
son cœur
Celles qui font quelque sottise.
Ne peut-il pas, sans qu'il le dise,
Rire sous cape de ces tours,
Quelque aventure qu'il y trouve !
S'ils font faux, ce font vains discours ;
S'ils font vrais, il les désapprouve.
Iroit-il après tout s'alarmer sans raison
Pour un peu de plaisanterie ?
Je craindrois bien plutôt que la cajolerie
Ne mît le feu dans la maison.
Chassez les soûpirans, belles ; souffrez mon livre ;
Je réponds de vous, corps pour corps ;
Mais pourquoi les chasser ? Ne sauroit-on bien
vivre,
Qu'on ne s'enferme avec les morts ?
Le monde ne vous connoît gueres,
S'il croit que les faveurs font chez vous familieres ?
Non pas que les heureux amans
Soient ni phénix, ni corbeaux blancs ;
Aussi ne font-ce fourmillieres.
Ce que mon livre en dit, doit passer pour chansons.
J'ai servi des beautés de toutes les façons ;
Qu'ai-je gagné ? Très-peu de chose ;
Rien. Je m'aviserois sur le tard d'être cause

Que la moindre de vous commît le moindre mal.
Contons ; mais contons bien : c'est le point prin-
    cipal ;
C'est tout : à cela près, censeurs, je vous conseille
De dormir, comme moi, sur l'une & l'autre oreille.
    Censurez tant qu'il vous plaira
    Méchans vers, & phrases méchantes ;
    Mais pour bons tours, laissez-les là :
    Ce font choses indifférentes ;
    Je n'y vois rien de périlleux.
Les meres, les maris, me prendront aux cheveux
    Pour dix ou douze contes bleus !
    Voyez un peu la belle affaire !
Ce que je n'ai pas fait, mon livre iroit le faire !
Beau sexe, vous pouvez le lire en sûreté ;
    Mais je voudrois m'être acquitté
    De cette grace par avance.
    Que puis-je faire en récompense ?
Un conte où l'on va voir vos appas triompher :
Nulle précaution ne les put étouffer.
Vous auriez surpassé le printems & l'aurore
Dans l'esprit d'un garçon, si dès ses jeunes ans,
Outre l'éclat des cieux, & les beautés des champs,
    Il eût vu les vôtres encore.
Aussi dès qu'il les vit, il en sentit les coups :
Vous surpassâtes tout : il n'eut d'yeux que pour
    vous :

Il laissa les palais ; enfin votre personne
    Lui parut avoir plus d'attraits ,
    Que n'en auroient, à beaucoup près,
    Tous les joyaux de la couronne.
On l'avoit dès l'enfance élevé dans un bois.
    Là, son unique compagnie
Consistoit aux oiseaux : leur aimable harmonie
    Le défennuyoit quelquefois.
Tout son plaisir étoit cet innocent ramage :
Encor ne pouvoit-il entendre leur langage.
    En une école si sauvage
Son pere l'amena dès ses plus tendres ans.
    Il venoit de perdre sa mere :
Et le pauvre garçon ne connut la lumiere,
    Qu'afin qu'il ignorât les gens.
Il ne s'en figura, pendant un fort long-tems,
    Point d'autres que les habitans
    De cette forêt ; c'est-à-dire,
Que des loups, des oiseaux, enfin ce qui respire,
Pour respirer sans plus, & ne songer à rien.
Ce qui porta son pere à fuir tout entretien,
Ce furent deux raisons, ou mauvaises, ou bonnes,
    L'une, la haine des personnes,
    L'autre, la crainte ; & depuis qu'à ses yeux
Sa femme disparut, s'envolant dans les cieux ;
    Le monde lui fut odieux.
    Las d'y gémir & de s'y plaindre,

Et par-tout des plaintes ouir.
Sa moitié le lui fit par son trépas haïr,
Et le reste des femmes craindre.
Il voulut être hermite, & destina son fils
A ce même genre de vie.
Ses biens aux pauvres départis,
Il s'en va seul, sans compagnie,
Que celle de ce fils qu'il portoit dans ses bras :
Au fond d'une forêt il arrête ses pas.
(Cet homme s'appelloit Philippe, dit l'histoire)
Là, par un saint motif, & non par humeur noire,
Notre hermite nouveau cache avec très-grand soin
Cent choses à l'enfant, ne lui dit près ni loin
Qu'il fût au monde aucune femme,
Aucuns desirs, aucun amour ;
Au progrès de ses ans réglant en ce séjour
La nourriture de son ame.
A cinq il lui nomma des fleurs, des animaux,
L'entretint de petits oiseaux ;
Et parmi ce discours, aux enfans agréable,
Mêla des menaces du diable ;
Lui dit qu'il étoit fait d'une étrange façon :
La crainte est aux enfans la premiere leçon.
Les dix ans expirés, matiere plus profonde
Se mit sur le tapis : un peu de l'autre monde
Au jeune enfant fut révélé ;
Et de la femme point parlé.

A 3

Vers quinze ans lui fut enseigné,
Tout autant que l'on put, l'auteur de la nature,
Et rien touchant la créature.
Ce propos n'est alors déjà plus de saison
Pour ceux qu'au monde on veut soustraire ;
Telle idée en ce cas est fort peu nécessaire.
Quand ce fils eut vingt ans, son pere trouva bon
De le mener à la ville prochaine.
Le vieillard tout cassé ne pouvoit plus qu'à peine
Aller quérir son vivre ; & lui mort après tout,
Que feroit ce cher fils ? Comment venir à bout
De subsister sans connoître personne ?
Les loups n'étoient pas gens qui donnassent
l'aumône.
Il savoit bien que le garçon
N'auroit de lui, pour héritage,
Qu'une besace & qu'un bâton :
C'étoit un étrange partage.
Le pere à tout cela songeoit sur ses vieux ans.
Au reste, il étoit peu de gens
Qui ne lui donnassent la miche.
Frere Philippe eût été riche,
S'il eût voulu. Tous les petits enfans
Le connoissoient, & du haut de leur tête
Ils crioient : Apprêtez la quête ;
Voilà frere Philippe. Enfin dans la cité
Frere Philippe souhaité

Avoit force dévots ; de dévotes pas une :
Car il n'en vouloit point avoir.
Sitôt qu'il crut son fils ferme dans son devoir,
Le pauvre homme le mene voir
Les gens de bien, & tente la fortune ;
Ce ne fut qu'en pleurant qu'il exposa ce fils.
Voilà nos hermites partis.
Ils vont à la cité superbe, bien bâtie,
Et de tous objets assortie ;
Le Prince y faisoit son séjour.
Le jeune homme tombé des nues,
Demandoit : Qu'est-ce là ? Ce sont des gens de
cour.
Et là ? Ce sont palais. Ici ? Ce sont statues.
Il considéroit tout, quand de jeunes beautés
Aux yeux vifs, aux traits enchantés,
Passerent devant lui ; dès-lors nulle autre chose
Ne pût ses regards attirer.
Adieu palais, adieu ce qu'il vient d'admirer :
Voici bien pis, & bien une autre cause
D'étonnement.
Ravi, comme en extase à cet objet charmant ;
Qu'est-ce là, dit-il à son pere,
Qui porte un si gentil habit ?
Comment l'appelle-t-on ? Ce discours ne plut
guere
Au bon vieillard, qui répondit :

 C'eſt un oiſeau qui s'appelle oye.
O l'agréable oiſeau ! dit le fils plein de joye :
Oye, hélas ! chante un peu, que j'entende ta
   voix :
 Ne pourroit-on point te connoître ?
Mon pere, je vous prie & mille & mille fois,
 Menons-en une en notre bois :
 J'aurai ſoin de la faire paître.

RICHARD MINUTOLO.

Nouvelle tirée de Bocace.

C'EST de tout tems qu'à Naples on a vu
Régner l'amour & la galanterie.
De beaux objets cet état est pourvu,
Mieux que pas un qui soit en Italie.
Femmes y sont, qui font venir l'envie
D'être amoureux, quand on ne voudroit pas;
Une sur-tout, ayant beaucoup d'appas,
Eut pour amant un jeune gentilhomme,
Qu'on appelloit Richard Minutolo.

Il n'étoit lors de Paris jufqu'à Rome
Galant qui fût fi bien le numero.
Force lui fut ; d'autant que cette belle
(Dont fous le nom de Madame Catelle
Il eft parlé dans le décameron)
Fut un long-tems fi dure & fi rebelle,
Que Minutol n'en fût tirer raifon.
Que fait-il donc ? Comme il voit que fon zele
Ne produit rien, il feint d'être guéri ;
Il ne va plus chez Madame Catelle ;
Il fe déclare amant d'une autre belle ;
Il fait femblant d'en être favori.
Catelle en rit ; pas grain de jaloufie.
Sa concurrente étoit fa bonne amie ;
Si bien qu'un jour qu'ils étoient en devis,
Minutolo, pour lors de la partie,
Comme en paffant, mit deffus le tapis
Certain propos de certaines coquettes,
Certain mari, certaines amourettes,
Qu'il controuva fans perfonne nommer,
Et fit fi bien que Madame Catelle
De fon époux commence à s'alarmer,
Entre en foupçon, prend le morceau pour elle,
Tant en fut dit que la pauvre femelle
Ne pouvant plus durer en tel tourment,
Voulut favoir de fon défunt amant,
Qu'elle tira dedans une ruelle,

De quelles gens il entendoit parler ;
Qui, quoi, comment, & ce qu'il vouloit dire.
Vous avez eu, lui dit-il, trop d'empire
Sur mon esprit, pour vous dissimuler.
Votre mari voit Madame Simonne :
Vous connoissez la galante que c'est ;
Je ne le dis pour offenser personne ;
Mais il y va tant de votre intérêt,
Que je n'ai pu me taire davantage.
Si je vivois dessous votre servage,
Comme autrefois, je me garderois bien
De vous tenir un semblable langage,
Qui de ma part ne seroit bon à rien.
De ses amans toujours on se méfie.
Vous penseriez que par supercherie
Je vous dirois du mal de votre époux ;
Mais, grace à Dieu, je ne veux rien de vous ?
Ce qui me meut n'est du tout que bon zele.
Depuis un jour j'ai certaine nouvelle,
Que votre époux chez Janot le baigneur
Doit se trouver avecque sa Donzelle.
Comme Janot n'est pas fort grand seigneur,
Pour cent ducats vous lui ferez tout dire ;
Pour cent ducats il fera tout aussi.
Vous pouvez donc tellement vous conduire,
Qu'au rendez-vous trouvant votre mari,
Il sera pris sans s'en pouvoir dédire :

Voici comment. La Dame a ftipulé
Qu'en une chambre, où tout fera fermé,
L'on les mettra ; foit craignant qu'on ait vue
Sur le baigneur ; foit que fentant fon cas,
Simonne encor n'ait toute honte bue.
Prenez fa place, & ne marchandez pas :
Gagnez Janot ; donnez-lui cent ducats :
Il vous mettra dedans la chambre noire ;
Non pour jeûner, comme vous pouvez croire :
Trop bien ferez tout ce qu'il vous plaira.
Ne parlez point ; vous gâteriez l'hiftoire,
Et vous verrez comme tout en ira.
L'expédient plut très-fort à Catelle :
De grand dépit Richard elle interrompt :
Je vous entens ; c'eft affez, lui dit-elle,
Laiffez-moi faire ; & le drôle & fa belle
Verront beau jeu, fi la corde ne rompt.
Penfent-ils donc que je fois quelque bufe ?
Lors pour fortir elle prend une excufe ;
Et tout d'un pas s'en va trouver Janot,
A qui Richard avoit donné le mot.
L'argent fait tout : fi l'on en prend en France
Pour obliger en de femblables cas,
On peut juger avec grande apparence,
Qu'en Italie on n'en refufe pas.
Pour tout carquois, d'une large efcarcelle
En ce pays le dieu d'amour fe fert.

Janot en prend de Richard, de Catelle ;
Il en eût pris du grand diable d'enfer.
Pour abréger, la chofe s'exécute
Comme Richard s'étoit imaginé.
Sa maîtreffe eut d'abord quelque difpute
Avec Janot, qui fit le réfervé ;
Mais en voyant bel argent bien compté,
Il promet plus que l'on ne lui demande.
Le temps venu d'aller au rendez-vous,
Minutolo s'y rend feul de fa bande,
Entre en la chambre, & n'y trouve aucuns trous
Par où le jour puiffe nuire à fa flamme.
Guere n'attend : il tardoit à la Dame
D'y rencontrer fon perfide d'époux,
Bien préparée à lui chanter fa gamme.
Pas n'y manqua, l'on peut s'en affurer.
Dans le lieu dit, Janot la fit entrer.
Là ne trouva ce qu'elle alloit chercher :
Point de mari ; point de Dame Simonne ;
Mais au-lieu d'eux Minutol en perfonne,
Qui fans parler fe mit à l'embraffer.
Quand au furplus, je le laiffe à penfer :
Chacun s'en doute affez, fans qu'on le die,
De grand plaifir notre amant s'extafie.
Que fi le jeu plût beaucoup à Richard,
Catelle auffi, toute rancune à part,
Le laiffa faire, & ne voulut mot dire,

Il en profite , & se garde de rire ;
Mais toutefois ce n'est pas sans effort,
De figurer le plaisir qu'a le sire ,
Il me faudroit un esprit bien plus fort.
Premiérement, il jouit de sa belle :
En second lieu il trompe une cruelle ;
Et croit gagner les pardons en cela.
Mais à la fin Catelle s'emporta.
C'est trop souffrir , traître , ce lui dit-elle ;
Je ne suis pas celle que tu prétens :
Laisse-moi là ; sinon à belles dents
Je te déchire, & te saute à la vue.
C'est donc cela que tu te tiens en mue,
Fais le malade, & te plains tous les jours,
Te reservant sans doute à tes amours ?
Parle, méchant, dis-moi , suis-je pourvue
De moins d'appas ? Ai-je moins d'agrément,
Moins de beauté que ta Dame Simonne ?
Le rare oiseau ! O la belle friponne !
T'aimois-je moins. Je te hais à présent,
Et plût à Dieu que je t'eusse vu pendre.
Pendant cela Richard, pour l'appaiser,
La caressoit, tâchoit de la baiser,
Mais il ne put : elle s'en sut défendre.
Laisse-moi là, se mit-elle à crier :
Comme un enfant penses-tu me traiter ?
N'approche point, je ne suis plus ta femme,

Rens-moi mon bien ; va-t-en trouver ta Dame :
Va, déloyal, va-t-en, je te le dis.
Je suis bien sotte, & bien de mon pays,
De te garder la foi de mariage.
A quoi tient-il, que pour te rendre sage,
Tout sur le champ je n'envoye querir
Minutolo, qui m'a si fort chérie ?
Je le devrois, afin de te punir ;
Et, sur ma foi j'en ai presque l'envie.
A ce propos le galant éclata.
Tu ris, dit-elle : ô dieux, quelle insolence!
Rougira-t-il ? Voyons sa contenance.
Lors de ses bras la belle s'échappa,
D'une fenêtre à tâtons approcha,
L'ouvrit de force, & fut bien étonnée
Quand elle vit Minutol son amant.
Elle tomba plus d'à demi pâmée :
Ah! qui t'eût cru, dit-elle, si méchant ?
Que dira-t-on ? Me voilà diffamée.
Qui le saura ? dit Richard à l'instant :
Janot est sûr ; j'en réponds sur ma vie.
Excusez donc si je vous ai trahie ;
Ne me sachez mauvais gré d'un tel tour :
Adresse, force, & ruse, & tromperie,
Tout est permis en matiere d'amour.
J'étois réduit avant ce stratagême
A vous servir sans plus pour vos beaux yeux :

Ai-je failli de me payer moi-même ?
L'eussiez-vous fait ? Non sans doute : & les dieux
En ce rencontre ont tout fait pour le mieux.
Je suis content ; vous n'êtes point coupable :
Est-ce de quoi paroître inconsolable ?
Pourquoi gémir ? J'en connois, Dieu merci,
Qui voudroient bien qu'on les trompât ainsi.
Mais ce discours n'appaisa point Catelle :
Elle se mit à pleurer tendrement.
En cet état elle parut si belle,
Que Minutol de nouveau s'enflammant,
Lui prit la main. Laisse-moi lui dit-elle :
Contente-toi : veux-tu donc que j'appelle
Tous les voisins, tous les gens de Janot ?
Ne faites point, dit-il, cette folie ;
Votre plus court est de ne dire mot :
Pour de l'argent, & non par tromperie,
(Comme le monde est à présent bâti)
L'on vous croiroit venue en ce lieu-ci.
Que si d'ailleurs cette supercherie
Alloit jamais jusqu'à votre mari,
Quel déplaisir ! Songez-y, je vous prie :
En des combats n'engagez point sa vie ;
Je suis du moins aussi mauvais que lui.

A

A ces raifons enfin Catelle céde.
La chofe étant, pourfuit-il, fans remede,
Le mieux fera que vous vous confoliez :
N'y penfez plus. Si pourtant vous vouliez......
Mais banniffons bien loin toute efpérance.
Jamais mon zele & ma perfévérance
N'ont eu de vous que mauvais traitement.
Si vous vouliez, vous feriez aifément
Que le plaifir de cette jouiffance
Ne feroit pas, comme il eft, imparfait :
Que refte-t-il ? Le plus fort en eft fait.
Tant bien fût dire & prêcher, que la Dame
Séchant fes yeux, rafférénant fon ame,
Plus doux que miel à la fin l'écouta.
D'une faveur en une autre il paffa ;
Eut un fouris, puis après autre chofe,
Puis un baifer, puis autre chofe encor :
Tant que la belle, après un peu d'effort,
Vient à fon point, & le drôle en difpofe.
Heureux cent fois plus qu'il n'avoit été :
Car quand l'amour d'un & d'autre côté
Veut s'entremettre, & prend part à l'affaire,
Tout va bien mieux, comme m'ont affuré
Ceux que l'on tient favans en ce myftere.

Ainsi Richard jouit de ses amours,
Vécut content, & fit force bons tours,
Dont celui-ci peut passer à la montre.
Pas ne voudrois en faire un plus rusé.
Que plût à Dieu qu'en certaine rencontre
D'un pareil cas je me fusse avisé !

LES CORDELIERS
DE CATALOGNE.

Nouvelle tirée des cent Nouvelles
nouvelles.

JE veux vous conter la besogne
Des Cordeliers de Catalogne ;
Besogne où ces peres en Dieu
Témoignerent en certain lieu
Une charité si fervente ,
Que mainte femme en fut contente.

Et crut y gagner Paradis.
Telles gens par leurs bons avis,
Mettent à bien les jeunes ames,
Tirent à foi filles & femmes,
Se favent emparer du cœur,
Et dans la vigne du Seigneur
Travaillent ainfi qu'on peut croire,
Et qu'on verra par cette hiftoire.

Au tems que le fexe vivoit
Dans l'ignorance, & ne favoit
Glofer encor fur l'Evangile,
(Tems à cotter fort difficile)
Un effaim de freres Mineurs,
Pleins d'appétit, & beaux dîneurs,
S'alla jetter dans une ville,
En jeunes beautés très-fertile.
Pour des galants, peu s'en trouvoit:
De vieux maris il en pleuvoit.
A l'abord une confrérie
Par les bons peres fut bâtie;
Femme n'étoit qui n'y courût,
Qui ne s'en mît, & qui ne crût
Par ce moyen être fauvée:
Puis quand leur foi fut éprouvée,
On vint au véritable point.
Frere André ne marchanda point,

Et leur fit ce beau petit prêche.
Si quelque chofe vous empêche
D'aller tout droit en Paradis,
C'eft d'épargner pour vos maris
Un bien dont ils n'ont plus que faire,
Quand ils ont pris leur néceffaire;
Sans que jamais il vous ait plu
Nous faire part du fuperflu.
Vous me direz que notre ufage
Répugne aux dons du mariage :
Nous l'avouons, &, Dieu merci,
Nous n'aurions que voir en ceci,
Sans le foin de vos confciences.
La plus griéve des offenfes
C'eft d'être ingrate : Dieu l'a dit.
Pour cela fatan fut maudit :
Prenez-y garde ; & de vos reftes
Rendez grace aux bontés céleftes,
Nous laiffant dîmer fur un bien,
Qui ne vous coûte prefque rien.
C'eft un droit, ô troupe fidele,
Qui vous témoigne notre zele;
Droit autentique & bien figné,
Que les Papes nous ont donné;
Droit enfin, & non pas aumône :
Toute femme doit en perfonne
S'en acquitter trois fois le mois,

Vers les enfans de saint François.
Cela fondé sur l'Ecriture ;
Car il n'est bien dans la nature,
(Je le répete, écoutez-moi)
Qui ne subisse cette loi
De reconnoissance & d'hommage :
Or les œuvres de mariage
Etant un bien , comme savez ,
Ou savoir chacune devez ,
Il est clair que dîme en est dûe.
Cette dîme sera reçue
Selon notre petit pouvoir.
Quelque peine qu'il faille avoir ,
Nous la prendrons en patience :
N'en faites point de conscience ;
Nous sommes gens qui n'avons pas
Toutes nos aises ici-bas.
Au reste il est bon qu'on vous dise ,
Qu'entre la chair & la chemise
Il faut cacher le bien qu'on fait :
Tout ceci doit être secret ,
Pour vos maris & pour tout autre.
Voici trois beaux mots de l'Apôtre
Qui font à notre intention :
Foi, charité, discrétion.
Frere André , par cette éloquence ,
Satisfit fort son audience ,

Et passa pour un Salomon ;
Peu dormirent à son sermon.
Chaque femme, ce dit l'histoire,
Garda très-bien dans sa mémoire,
Et mieux encor dedans son cœur
Le discours du prédicateur.
Ce n'est pas tout, il s'exécute :
Chacune accourt ; grande dispute
A qui la premiere payra.
Mainte bourgeoise murmura
Qu'au lendemain on l'eût remise.
Et notre mere sainte Eglise,
Ne sachant comme renvoyer
Cet escadron prêt à payer,
Fut contrainte enfin de leur dire :
De par Dieu souffrez qu'on respire ;
C'en est assez pour le présent ;
On ne peut faire qu'en faisant.
Réglez votre tems sur le nôtre ;
Aujourd'hui l'une, & demain l'autre.
Tout avec ordre, & croyez-nous :
On en va mieux, quand on va doux.
Le sexe suit cette sentence.
Jamais de bruit pour la quittance ;
Trop bien quelque collation,
Et le tout par dévotion.
Puis de trinquer à la commere,

Je laiffe à penfer quelle chere
Faifoit alors frere Frapart.
Tel d'entr'eux avoit pour fa part
Dix jeunes femmes bien payantes ,
Frifques , gaillardes , attrayantes.
Tel au douze & quinze paffoit.
Frere Roc à vingt fe chauffoit.
Tant & fi bien que les Donzelles ,
Pour fe montrer plus ponctuelles ,
Payoient deux fois affez fouvent :
Dont il avint que le couvent ,
Las enfin d'un tel ordinaire ,
Après avoir à cette affaire
Vaqué cinq ou fix mois entiers ,
Eût fait crédit bien volontiers.
Mais les Donzelles fcrupuleufes
De s'acquitter étoient foigneufes ,
Croyant faillir en retenant
Un bien à l'ordre appartenant.
Point de dîmes accumulées :
Il s'en trouva de fi zélées ,
Que par avance elles payoient.
Les beaux peres n'expédioient
Que les fringantes & les belles ,
Enjoignant aux fempiternelles
De porter en bas leurs tribut :
Car dans ces dîmes de rebut

Les

Les lais trouvoient encore à frire.
Bref, à peine il se pourroit dire,
Avec combien de charité
Le tout étoit exécuté.
Il avint qu'une de la bande,
Qui vouloit porter son offrande,
Un beau soir, en chemin faisant,
Et son mari la conduisant,
Lui dit : Mon Dieu, j'ai quelque affaire
Là dedans avec certain frere ;
Ce sera fait dans un moment.
L'époux répondit brusquement :
Quoi ? Quelle affaire ? Etes-vous folle ?
Il est minuit sur ma parole :
Demain vous direz vos péchés,
Tous les bons peres sont couchés.
Cela n'importe, dit la femme.
Et par Dieu si, dit-il, Madame,
Je tiens qu'il importe beaucoup,
Vous ne bougerez pour ce coup.
Qu'avez-vous fait, & quelle offense
Presse ainsi votre conscience ?
Demain matin j'en suis d'accord.
Ah ! Monsieur, vous me faites tort,
Reprit-elle ; ce qui me presse,
Ce n'est pas d'aller à confesse,
C'est de payer ; car si j'attens,

Je ne le pourrai de long-tems ;
Le frere aura d'autres affaires.
Quoi payer ? La dîme aux bons peres.
Quelle dîme ? Savez-vous pas ?
Moi je le fais ! C'eſt un grand cas
Que toujours femme aux moines donne :
Mais cette dîme, ou cette aumône,
La ſaurai-je point à la fin ?
Voyez, dit-elle, qu'il eſt fin ?
N'entendez-vous pas ce langage ?
C'eſt des œuvres de mariage.
Quelles œuvres ? reprit l'époux.
Et là, Monſieur, c'eſt ce que nous....
Mais j'aurois payé depuis l'heure,
Vous êtes cauſe qu'en demeure
Je me trouve préſentement ;
Et cela je ne ſais comment ;
Car toujours je ſuis coûtumiere,
De payer toute la premiere.
L'époux rempli d'étonnement,
Eut cent penſers en un moment ;
Par tant d'endroits tourna ſa femme,
Qu'il apprit que mainte autre Dame
Payoit la même penſion ;
Ce lui fut conſolation.
Sachez, dit la pauvre innocente,
Que pas une n'en eſt exempte :

Votre sœur paye à frere Aubri ;
La baillie au pere Fabri ;
Son alteſſe à frere Guillaume,
Un des beaux moines du Royaume.
Moi, qui paye à frere Girard,
Je voulois lui porter ma part.
Que de maux la langue nous cauſe !
Quand ce mari ſut toute choſe,
Il réſolut premiérement,
D'en avertir ſecretement
Monſeigneur, puis les gens de ville ;
Mais comme il étoit difficile
De croire un tel cas dès l'abord,
Il voulut avoir le rapport
Du drôle à qui payoit ſa femme.
Le lendemain devant la Dame
Il fait venir frere Girard,
Lui porte à la gorge un poignard,
Lui fait conter tout le myſtere :
Puis ayant enfermé ce frere
A double clef, bien garotté,
Et la Dame d'autre côté,
Il va par-tout conter ſa chance.
Au logis du Prince il commence ;
Puis il deſcend chez l'Echevin ;
Puis il fait ſonner le tocſin.
Chacun opine à la vengeance.

C 2

L'un dit qu'il faut en diligence
Aller maſſacrer ces cagots ;
L'autre dit qu'il faut de fagots
Les entourer dans leur repaire,
Et brûler gens & monaſtere.
Tel veut qu'ils ſoient à l'eau jettés,
Dedans leurs frocs empaquetés ;
Tel invente un autre ſupplice,
Et chacun ſelon ſon caprice :
Bref, tous conclurent à la mort ;
L'avis du feu fut le plus fort.
On court au couvent tout-à-l'heure ;
Mais par reſpect de la demeure,
L'arrêt ailleurs s'exécuta,
Un bourgeois ſa grange prêta.
La penaille enſemble enfermée,
Fut en peu d'heures conſumée,
Les maris ſautant à l'entour,
Et danſant au ſon du tambour.
Rien n'échappa de leur colere,
Ni moinillon, ni béat pere ;
Robes, manteaux, & capuchons,
Tout fut brûlé comme cochons.
Tous périrent dedans les flammes.
Je ne ſais ce qu'on fit des femmes :
Pour le pauvre frere Girard,
Il avoit eu ſon fait à part.

LE BERCEAU.

Nouvelle tirée de Bocace.

Non loin de Rome un hôtelier étoit,
Sur le chemin qui conduit à Florence,
Homme sans bruit, & qui ne se piquoit
De recevoir gens de grosse dépense :
Même chez lui, rarement on gîtoit.
Sa femme étoit encor de bonne affaire,
Et ne passoit de beaucoup les trente ans :
Quant au surplus, ils avoient deux enfans ;

C 3

Garçon d'un an, fille en âge d'en faire.
Comme il arrive, en allant & venant,
Pinucio, jeune homme de famille,
Jetta si bien les yeux sur cette fille,
Tant la trouva gracieuse & gentille,
D'esprit si doux, & d'air tant attrayant;
Qu'il s'en piqua : très-bien le lui sut dire;
Muet n'étoit, elle sourde non plus,
Dont il avint qu'il sauta par-dessus
Ces longs soupirs, & tout ce vain martyre.
Se sentir pris, parler, être écouté,
Ce fut tout un; car la difficulté
Ne gissoit pas à plaire à cette belle.
Pinuce étoit gentilhomme bien fait;
Et jusques-là la fille n'avoit fait
Grand cas des gens de même étoffe qu'elle:
Non qu'elle crut pouvoir changer d'état;
Mais elle avoit, nonobstant son jeune âge,
Le cœur trop haut, le goût trop délicat,
Pour s'en tenir aux amours de village.
Colette donc (ainsi l'on l'appelloit)
En mariage à l'envi demandée,
Rejettoit l'un, de l'autre ne vouloit,
Et n'avoit rien que Pinuce en l'idée.

Longs pourparlers avecque fon amant
N'étoient permis ; tout leur faifoit obftacle.
Les rendez-vous & le foulagement
Ne fe pouvoient, à moins que d'un miracle.
Cela ne fit qu'irriter leurs efprits.
Ne gênez point, je vous en donne avis,
Tant vos enfans, ô vous peres & meres,
Tant vos moitiés, vous époux & maris ;
C'eft où l'amour fait le mieux fes affaires.

Pinucio, certain foir qu'il faifoit
Un tems fort brun, s'en vient en compagnie
D'un fien ami, dans cette hôtellerie
Demander gîte. On lui dit qu'il venoit
Un peu trop tard. Monfieur, ajoûta l'hôte,
Vous favez bien comme on eft à l'étroit ;
Dans ce logis tout eft plein jufqu'au toît :
Mieux vous vaudroit paffer outre, fans faute :
Ce gîte n'eft pour gens de votre état.

N'avez-vous point encor quelque grabat,
Reprit l'amant, quelque coin de referve ?
L'hôte repart : Il ne nous refte plus
Que notre chambre, où deux lits font tendus ;

Et de ces lits il n'en est qu'un qui serve
Aux survenans ; l'autre nous l'occupons.
Si vous voulez coucher de compagnie
Vous & Monsieur, nous vous hébergerons.
Pinuce dit : Volontiers ; je vous prie
Que l'on nous serve à manger au plutôt.
Leur repas fait on les conduit en haut.

Pinucio, sur l'avis de Colette,
Marque de l'œil comme la chambre est faite.
Chacun couché, pour la belle on mettoit
Un lit de camp : celui de l'hôte étoit
Contre le mur, attenant de la porte,
Et l'on avoit placé de même sorte,
Tout vis-à-vis celui du survenant ;
Entre les deux, un berceau pour l'enfant,
Et toutefois plus près du lit de l'hôte.
Cela fit faire une plaisante faute
A cet ami qu'avoit notre galant.
Sur le minuit que l'hôte apparemment
Devoit dormir, l'hôtesse en faire autant,
Pinucio, qui n'attendoit que l'heure,
Et qui comptoit les momens de la nuit,
Son tems venu, ne fait longue demeure,

Au lit de camp s'en va droit, & sans bruit.
Pas ne trouva la pucelle endormie ;
J'en jurerois. Colette apprit un jeu
Qui, comme on fait, lasse plus qu'il n'ennuie.
Treve se fit ; mais elle dura peu :
Larcins d'amour ne veulent longue pose.
Tout à merveille alloit au lit de camp,
Quand cet ami qu'avoit notre galant,
Pressé d'aller mettre ordre à quelque chose,
Qu'honnêtement exprimer je ne puis,
Voulut sortir, & ne put ouvrir l'huis,
Sans enlever le berceau de sa place,
L'enfant avec, qu'il mit près de leur lit ;
Le détourner auroit fait trop de bruit.
Lui revenu, près de l'enfant il passe,
Sans qu'il daignât le remettre en son lieu ;
Puis se recouche, & quand il plût à Dieu,
Se rendormit. Après un peu d'espace,
Dans le logis je ne sais quoi tomba :
Le bruit fut grand ; l'hôtesse s'éveilla,
Puis alla voir ce que ce pouvoit être.
A son retour le berceau la trompa.
Ne le trouvant joignant le lit du maître,
Saint Jean, dit-elle en soi-même aussitôt,

J'ai penſé faire une étrange bévue :
Près de ces gens je me ſuis, peu s'en faut,
Remiſe au lit en chemiſe ainſi nue ;
C'étoit pour faire un bon charivari.
Dieu ſoit loué que ce berceau me montre
Que c'eſt ici qu'eſt couché mon mari.
Diſant ces mots, auprès de cet ami
Elle ſe met. Fol ne fut, n'étourdi
Le compagnon dedans un tel rencontre ;
La mit en œuvre, & ſans témoigner rien,
Il fit l'époux ; mais il le fit trop bien :
Trop bien ! Je faux, & c'eſt tout le contraire :
Il le fit mal ; car qui le veut bien faire
Doit en beſogne aller plus doucement.
Auſſi l'hôteſſe eut quelque étonnement.
Qu'a mon mari, dit-elle, & quelle joie
Le fait agir en homme de vingt-ans ?
Prenons ceci, puiſque Dieu nous l'envoie ;
Nous n'aurons pas toujours tel paſſe-tems.
Elle n'eut dit ces mots entre ſes dents,
Que le galant recommence la fête.
La Dame étoit de bonne emplette encor ;
J'en ai, je crois, dit un mot dans l'abord :
Chemin faiſant, c'étoit fortune honnête.

Pendant cela, Colette appréhendant
D'être furprife avecque fon amant,
Le renvoya le jour venant à poindre.
Pinucio voulant aller rejoindre
Son compagnon, tomba tout de nouveau
Dans cette erreur que caufoit le berceau,
Et pour fon lit il prit le lit de l'hôte.
Il n'y fut pas, qu'en abaiffant fa voix,
(Gens trop heureux font toujours quelque faute)
Ami, dit-il, pour beaucoup je voudrois
Te pouvoir dire à quel point va ma joie.
Je te plains fort que le ciel ne t'envoie
Tout maintenant même bonheur qu'à moi,
Ma foi, Colette eft un morceau de Roi.
Si tu favois ce que vaut cette fille !
J'en ai bien vu; mais de telle, entre nous,
Il n'en eft point. C'eft bien le cuir plus doux,
Le corps mieux fait, la taille plus gentille,
Et des tettons ! Je ne te dis pas tout.
Quoi qu'il en foit, avant que d'être au bout,
Gaillardement fix poftes fe font faites ;
Six de bon compte, & ce ne font fornettes.
D'un tel propos l'hôte tout étourdi
D'un ton confus gronda quelques paroles.

L'hôtesse dit tout bas à cet ami,
Qu'elle prenoit toujours pour son mari:
Ne reçois plus chez toi ces têtes folles:
N'entens-tu point comme ils font en débat?
En son séant l'hôte sur son grabat
S'étant levé, commence à faire éclat.
Comment, dit-il, d'un ton plein de colere,
Vous veniez donc ici pour cette affaire;
Vous l'entendez : & je vous fais bon gré
De vous moquer encor comme vous faites.
Prétendez-vous, beau Monsieur que vous êtes,
En demeurer quitte à si bon marché?
Quoi! Ne tient-il qu'à honnir des familles?
Pour vos ébats nous nourrirons nos filles!
J'en suis d'avis. Sortez de ma maison:
Je jure Dieu que j'en aurai raison.
Et toi, coquine, il faut que je te tue.
A ce discours proféré brusquement,
Pinucio, plus froid qu'une statue,
Resta sans pouls, sans voix, sans mouvement.
Chacun se tut l'espace d'un moment.
Colette entra dans des peurs nompareilles.
L'hôtesse ayant reconnu son erreur,

Tint quelque tems le loup par les oreilles.
Le feul ami fe fouvint par bonheur
De ce berceau, principe de la chofe.
Adreffant donc à Pinuce fa voix :
T'en tiendras-tu, dit-il, une autre fois ?
T'ai-je averti que le vin feroit caufe
De ton malheur ? Tu fais que quand tu bois,
Toute la nuit tu cours, tu te démenes,
Et vas contant mille chimeres vaines,
Que tu te mets dans l'efprit en dormant :
Reviens au lit. Pinuce au même inftant
Fait le dormeur, pourfuit le ftratagême,
Que le mari prit pour argent comptant.
Il ne fut pas jufqu'à l'hôteffe même
Qui n'y voulût auffi contribuer :
Près de fa fille elle alla fe placer,
Et dans ce pofte elle fe fentit forte.
Par quel moyen, comment, de quelle forte,
S'écria-t-elle, auroit-il pu coucher
Avec Colette, & la déshonorer ?
Je n'ai bougé toute nuit d'auprès d'elle :
Elle n'a fait ni pis ni mieux que moi :
Pinucio nous l'alloit donner belle.

L'hôte reprit : C'eſt aſſez ; je vous crois.
On ſe leva : ce ne fut pas ſans rire ;
Car chacun d'eux en avoit ſa raiſon.
Tout fut ſecret ; & quiconque eut du bon,
Par devers ſoi le garda ſans rien dire.

L'ORAISON

DE SAINT JULIEN.

Nouvelle tirée de Bocace.

BEAUCOUP de gens ont une ferme foi
Pour les brevets, oraiſons & paroles,
Je me ris d'eux ; & je tiens quant à moi,
Que tous tels ſorts ſont receptes frivoles :
Frivoles ſont ; c'eſt ſans difficulté.
Bien eſt-il vrai, qu'auprès d'une beauté
Paroles ont des vertus nompareilles ;

Paroles font en amour des merveilles :
Tout cœur se laisse à ce charme amollir.
De tels brevets je veux bien me servir.
Des autres, non. Voici pourtant un conte,
Où l'oraison de Monsieur saint Julien
A Renaud d'Ast produisit un grand bien.
S'il ne l'eût dite, il eût trouvé mécompte
A son argent, & mal passé la nuit.
Il s'en alloit devers Château-Guillaume,
Quand trois quidams (bonnes gens & sans bruit,
Ce lui sembloit, tels qu'en tout un Royaume
Il n'auroit crû trois aussi gens de bien.)
Quand n'ayant, dis-je, aucun soupçon de rien,
Ces trois quidams tout pleins de courtoisie,
Après l'abord, & l'ayant salué
Fort humblement : Si notre compagnie,
Lui dirent-ils, vous pouvoit être à gré,
Et qu'il vous plût achever cette traite
Avecque nous, ce nous feroit honneur.
En voyageant, plus la troupe est complette,
Mieux elle vaut ; c'est toujours le meilleur.
Tant de brigands infectent la province,
Que l'on ne sait à quoi songe le Prince
De les souffrir ; mais quoi, les mal-vivans
Seront toujours. Renaud dit à ces gens,
Que volontiers. Une lieue étant faite,
Eux discourans, pour tromper le chemin,

D

De chofe & d'autre, ils tomberent enfin
Sur ce qu'on dit de la vertu fecrette
De certains mots, caracteres, brevets,
Dont les aucuns ont de très-bons effets :
Comme de faire aux infectes la guerre,
Charmer les loups, conjurer le tonnerre ;
Ainfi du refte : ou fans pact ni demi
(De quoi l'on foit pour le moins averti)
L'on fe guérit ; l'on guérit fa monture,
Soit du farcin, foit de la mémarchure ;
L'on fait fouvent ce qu'un bon médecin
Ne fauroit faire avec tout fon latin.

Ces furvenans de mainte expérience
Se vantoient tous, & Renaud en filence
Les écoutoit. Mais vous, ce lui dit-on,
Savez-vous point auffi quelque oraifon ?
De tels fecrets, dit-il, je ne me pique ;
Comme homme fimple, & qui vis à l'antique :
Bien vous dirai, qu'en allant par chemin,
J'ai certains mots que je dis au matin,
Deffous le nom d'oraifon ou d'antienne
De faint Julien, afin qu'il ne m'avienne
De mal gîter ; & j'ai même éprouvé,
Qu'en y manquant cela m'eft arrivé.
J'y manque peu ; c'eft un mal que j'évite
Par-deffus tous, & que je crains autant.

Et ce matin, Monſieur, l'avez-vous dite?
Lui repartit l'un des trois en riant.
Oui, dit Renaud. Or bien, repliqua l'autre,
Gageons un peu quel ſera le meilleur,
Pour cejourd'hui, de mon gîte ou du vôtre?
Il faiſoit lors un froid plein de rigueur;
La nuit de plus étoit fort approchante,
Et la couchée encore aſſez diſtante.
Renaud reprit : Peut-être ainſi que moi,
Vous ſervez-vous de ces mots en voyage?
Point, lui dit l'autre ; & vous jure ma foi,
Qu'invoquer ſaints n'eſt pas trop mon uſage :
Mais ſi je perds, je le pratiquerai.
En ce cas-là volontiers gagerai,
Reprit Renaud, & j'y mettrois ma vie,
Pourvu qu'alliez en quelque hôtellerie ;
Car je n'ai là nulle maiſon d'ami.
Nous mettrons donc cette clauſe au pari,
Pourſuivit-il, ſi l'avez agréable :
C'eſt la raiſon. L'autre lui répondit :
J'en ſuis d'accord, & gage votre habit,
Votre cheval, la bourſe au préalable ;
Sûr de gagner, comme vous allez voir,
Renaud dès-lors pût bien s'appercevoir
Que ſon cheval avoit changé d'étable ;
Mais quel remede ? En cotoyant un bois,
Le parieur ayant changé de voix,

Çà defcendez, dit-il, mon gentilhomme;
Votre oraifon vous fera bon befoin:
Château-Guillaume eft encore un peu loin.
Fallut defcendre. Ils lui prirent en fomme
Chapeau, cafaque, habit, bourfe & cheval;
Bottes auffi. Vous n'aurez tant de mal
D'aller à pied, lui dirent les perfides.
Puis de chemin (fans qu'ils priffent de guides)
Changeant tous trois, ils furent auffi-tôt
Perdus de vue; & le pauvre Renaud,
En caleçons, en chauffes, en chemife,
Mouillé, fangeux, ayant au nez la bife,
Va tout dolent, & craint avec raifon,
Qu'il n'ait ce coup, malgré fon oraifon,
Très-mauvais gîte, hormis qu'en fa valife
Il efpéroit. Car il eft à noter,
Qu'un fien valet contraint de s'arrêter,
Pour faire mettre un fer à fa monture,
Devoit le joindre. Or il ne le fit pas;
Et ce fut-là le pis de l'aventure.
Le drôle ayant vu de loin tout le cas,
(Comme valets fouvent ne valent gueres)
Prend à côté, pourvoit à fes affaires,
Laiffe fon maître, à travers champs s'enfuit,
Donne des deux, gagne devant la nuit
Château-Guillaume, & dans l'hôtellerie
La plus fameufe, enfin la mieux fournie,

Attend Renaud près d'un foyer ardent,
Et fait tirer du meilleur cependant.
Son maître étoit jusqu'au cou dans les boues;
Pour en sortir avoit fort à tirer.
Il acheva de se désespérer,
Lorsque la neige, en lui donnant aux joues,
Vint à flocons, & le vent qui fouettoit.
Au prix du mal que le pauvre homme avoit,
Gens que l'on pend sont sur des lits de roses.
Le fort se plait à dispenser les choses.
De la façon; c'est tout mal ou tout bien.
Dans ses faveurs il n'a point de mesures;
Dans son courroux de même il n'omet rien
Pour nous mater : témoin les aventures
Qu'eût cette nuit Renaud, qui n'arriva
Qu'une heure après qu'on eut fermé la porte.
Du pied du mur enfin il s'approcha;
Dire comment, je n'en sais pas la sorte.
Son bon destin, par un très-grand hazard,
Lui fit trouver une petite avance
Qu'avoit un toit; & ce toit faisoit part
D'une maison voisine du rempart.
Renaud ravi de ce peu d'allégeance,
Se met dessous. Un bonheur, comme on dit,
Ne vient point seul. Quatre ou cinq brins de paille
Se rencontrant, Renaud les étendit.
Dieu soit loué, dit-il, voilà mon lit.

Pendant cela le mauvais tems l'affaille
De toutes parts : il n'en peut prefque plus.
Tranfi de froid, immobile & perclus,
Au défefpoir bientôt il s'abandonne,
Claque des dents, fe plaint, tremble & friffonne
Si hautement, que quelqu'un l'entendit.
Ce quelqu'un-là c'étoit une fervante,
Et fa maîtreffe une veuve galante,
Qui demeuroit au logis que j'ai dit,
Pleine d'appas, jeune & de bonne grace.
Certain marquis, gouverneur de la place,
L'entretenoit ; & de peur d'être vu,
Troublé, diftrait, enfin interrompu
Dans fon commerce, au logis de la Dame ;
Il fe rendoit fouvent chez cette femme,
Par une porte aboutiffante aux champs ;
Alloit, venoit, fans que ceux de la ville
En fûffent rien, non pas même fes gens.
Je m'en étonne, & tout plaifir tranquille
N'eft d'ordinaire un plaifir de marquis :
Plus il eft fu, plus il leur femble exquis.

Or il avint que la même fôirée
Où notre Job fur la paille étendu
Tenoit déjà fa fin toute affurée,
Monfieur étoit de Madame attendu ;
Le foupé prêt, la chambre bien parée ;

Bons restaurans, champignons & ragoûts;
Bains & parfums, matelats blancs & mous;
Vin du coucher, toute l'artillerie
De Cupidon, non pas le langoureux,
Mais celui-là qui n'a fait en sa vie
Que de bons tours, le patron des heureux,
Des jouissans. Etant donc la Donzelle
Prête à bien faire, avint que le marquis
Ne put venir : elle en reçut l'avis
Par un sien page, & de cela la belle
Se consola : tel étoit leur marché.
Renaud y gagne : il ne fut écouté
Plus d'un moment, que pleine de bonté
Cette servante, & confite en tendresse,
Par aventure autant que sa maîtresse,
Dit à la veuve : Un pauvre souffreteux
Se plaint là-bas; le froid est rigoureux;
Il peut mourir : vous plait-il pas, Madame,
Qu'en quelque coin l'on le mette à couvert?
Oui, je le veux, répondit cette femme.
Ce galetas qui de rien ne nous sert
Lui viendra bien : dessus quelque couchette
Vous lui mettrez un peu de paille nette;
Et là-dedans il faudra l'enfermer :

De nos reliefs vous le ferez souper
Auparavant, puis l'envoirez coucher.

Sans cet arrêt c'étoit fait de la vie
Du bon Renaud. On ouvre, il remercie ;
Dit qu'on l'avoit retiré du tombeau,
Conte son cas, reprend force & courage :
Il étoit grand, bien fait, beau personnage :
Ne sembloit même homme en amour nouveau,
Quoiqu'il fût jeune. Au reste, il avoit honte
De sa misere, & de sa nudité :
L'amour est nud, mais il n'est pas crotté.
Renaud dedans, la chambriere monte,
Et va conter le tout de point en point.
La dame dit, regardez si j'ai point
Quelque habit d'homme encor dans mon armoire ;
Car feu Monsieur en doit avoir laissé.
Vous en avez, j'en ai bonne mémoire,
Dit la servante. Elle eut bientôt trouvé
Le vrai balot. Pour plus d'honnêteté,
La Dame ayant appris la qualité
De Renaud d'Ast (car il s'étoit nommé)
Dit qu'on le mît au bain chauffé pour elle.
Cela fut fait ; il ne se fit prier.

On le parfume avant que l'habiller.
Il monte en haut, & fait à la Donzelle
Son compliment, comme homme bien appris.
On fert enfin le foupé du marquis.

Renaud mangea tout ainfi qu'un autre homme ;
Même un peu mieux ; la cronique le dit :
On peut à moins gagner de l'appétit.
Quant à la veuve, elle ne fit en fomme
Que regarder, témoignant fon défir :
Soit que déja l'attente du plaifir
L'eût difpofée, ou foit par fympathie :
Ou que la mine, ou bien le procédé
De Renaud d'Aft euffent fon cœur touché.
De tous côtés fe trouvant affaillie,
Elle fe rend aux femonces d'amour.
Quand je ferai, difoit-elle, ce tour,
Qui l'ira dire ? Il n'y va rien du nôtre.
Si le marquis eft quelque peu trompé,
Il le mérite, & doit l'avoir gagné,
Ou gagnera ; car c'eft un bon Apôtre.
Homme pour homme, & péché pour péché,
Autant me vaut celui-ci que cet autre.

Renaud n'étoit fi neuf qu'il ne vît bien

Que

Que l'oraifon de Monfieur faint Julien
Feroit effet, & qu'il auroit bon gîte.
Lui hors de table, on deffert au plus vîte.
Les voilà feuls : & pour le faire court,
En beau début. La Dame s'étoit mife
En un habit à donner de l'amour.
La négligence à mon gré fi requife,
Pour cette fois fut fa Dame d'atour.
Point de clinquant, jupe fimple & modefte,
Ajuftement moins fuperbe que lefte ;
Un mouchoir noir de deux grands doigts trop court ;
Sous ce mouchoir ne fais quoi fait au tour :
Par là Renaud s'imagina le refte.
Mot n'en dirai ; mais je n'omettrai point,
Qu'elle étoit jeune, agréable & touchante,
Blanche fur-tout, & de taille avenante ;
Trop ni trop peu de chair & d'embonpoint.
A cet objet qui n'eût eû l'ame émûe !
Qui n'eût aimé ! Qui n'eût eû des defirs !
Un philofophe, un marbre, une ftatue,
Auroient fenti comme nous ces plaifirs.
Elle commence à parler la premiere,
Et fait fi bien que Renaud s'enhardit.
Il ne favoit comme entrer en matiere :

Mais pour l'aider la marchande lui dit:
Vous rappellez en moi la fouvenance
D'un qui s'eſt vu mon unique fouci:
Plus je vous vois, plus je crois voir auſſi
L'air & le port, les yeux, la remembrance
De mon époux: que Dieu lui faſſe paix!
Voilà fa bouche, & voilà tous fes traits.
Renaud reprit: ce m'eſt beaucoup de gloire.
Mais vous, Madame, à qui reſſemblez-vous?
A nul objet, & je n'ai point mémoire
D'en avoir vu qui m'ait femblé fi doux.
Nulle beauté n'approche de la vôtre.
Or me voici d'un mal chu dans un autre:
Je tranfiſſois, je brûle maintenant.
Lequel vaut mieux? La belle l'arrêtant,
S'humilia pour être contredite.
C'eſt une adreſſe à mon fens non petite.
Renaud pourfuit, louant par le menu
Tout ce qu'il voit, tout ce qu'il n'a point vu,
Et qu'il verroit volontiers, fi la belle
Plus que de droit, ne fe montroit cruelle.

Pour vous louer comme vous méritez,
Ajouta-t-il, & marquer les beautés

Dont j'ai la vue avec le cœur frappée,
(Car près de vous l'un & l'autre s'enfuit)
Il faut un siecle, & je n'ai qu'une nuit,
Qui pourroit être encor mieux occupée.
Elle sourit : il n'en fallut pas plus.
Renaud laissa les discours superflus.
Le tems est cher en amour comme en guerre,
Homme mortel ne s'est vu sur la terre
De plus heureux ; car nul point n'y manquoit.
On résista tout autant qu'il falloit,
Ni plus ni moins, ainsi que chaque belle
Sait pratiquer, pucelle ou non pucelle.
Au demeurant, je n'ai pas entrepris
De raconter tout ce qu'il obtint d'elle ;
Menu détail, baisers donnés & pris,
La petite oye ; enfin ce qu'on appelle
En bon François les préludes d'amour ;
Car l'un & l'autre y savoit plus d'un tour.
Au souvenir de l'état misérable
Où s'étoit vu le pauvre voyageur,
On lui faisoit toujours quelque faveur :
Voilà, disoit la veuve charitable,
Pour le chemin, voici pour les brigans,
Puis pour la peur, puis pour le mauvais tems ;

Tant que le tout piece à piece s'efface.
Qui ne voudroit se racquitter ainsi ?
Conclusion, que Renaud sur la place
Obtint le don d'amoureuse merci.
Les doux propos recommencent ensuite,
Puis les baisers, & puis la noix confite.
On se coucha. La Dame ne voulant
Qu'il s'allât mettre au lit de sa servante,
Le mit au sien : ce fut fait prudemment,
En femme sage, en personne galante.
Je n'ai pas su ce qu'étant dans le lit
Ils avoient fait ; mais comme avec l'habit
On met à part certain reste de honte,
Apparemment le meilleur de ce conte
Entre deux draps pour Renaud se passa.
Là plus à plein il se récompensa
Du mal souffert, de la perte arrivée.
De quoi s'étant la veuve bien trouvée,
Il fut prié de la venir revoir ;
Mais en secret ; car il falloit pourvoir
Au gouverneur. La belle non contente
De ses faveurs, étala son argent.
Renaud n'en prit qu'une somme bastante
Pour regagner son logis promptement.

Il s'en va droit à cette hôtellerie,
Où son valet étoit encore au lit.
Renaud le rosse, & puis change d'habit,
Ayant trouvé sa valise garnie.
Pour le combler, son bon destin voulut
Qu'on attrapât les quidams ce jour même.
Incontinent chez le juge il courut;
Il faut user de diligence extrême
En pareil cas; car le greffe tient bon,
Quand une fois il est saisi des choses :
C'est proprement la caverne au lion;
Rien n'en revient : là les mains ne sont closes
Pour recevoir, mais pour rendre trop bien :
Fin celui-là qui n'y laisse du sien.
Le procès fait, une belle potence
A trois côtés fut mise en plein marché :
L'un des quidams harangua l'assistance
Au nom de tous, & le trio branché
Mourut contrit & fort bien confessé.
Après cela, doutez de la puissance
Des oraisons. Ces gens gais & joyeux
Sont sur le point de partir leur chevance,
Lors qu'on les vient prier d'une autre danse.
En contr'échange un pauvre malheureux

S'en va périr, felon toute apparence ;
Quand fous la main lui tombe une beauté,
Dont un prélat fe feroit contenté.
Il recouvra fon argent, fon bagage,
Et fon cheval, & tout fon équipage ;
Et grace à Dieu, & Monfieur faint Julien,
Eut une nuit qui ne lui coûta rien.

LE VILLAGEOIS
QUI CHERCHE SON VEAU.

Conte tiré des cent Nouvelles nouvelles.

UN Villageois ayant perdu son veau,
L'alla chercher dans la forêt prochaine.
Il se plaça sur l'arbre le plus beau,
Pour mieux entendre, & pour voir dans la plaine.
Vient une Dame avec un jouvenceau.
Le lieu leur plaît, l'eau leur vient à la bouche:
Et le galant, qui sur l'herbe la couche,

E 4

Crie en voyant je ne fais quels appas :
O Dieux, que vois-je, & que ne vois-je pas !
Sans dire quoi : car c'étoient lettres cloſes.
Lors le manant les arrêtant tout coi :
Homme de bien, qui voyez tant de choſes,
Voyez-vous point mon veau ? dites-le moi.

L'ANNEAU
D'HANS CARVEL.

Conte tiré de Rabelais.

Hans Carvel prit sur ses vieux ans
Femme jeune en toute maniere ;
Il prit aussi soucis cuisans ;
Car l'un sans l'autre ne va guere.
Babeau, (c'est la jeune femelle,
Fille du bailli Concordat)
Fut du bon poil, ardente, & belle,

Et propre à l'amoureux combat.
Carvel craignant de sa nature
Le cocuage & les railleurs,
Alléguoit à la créature,
Et la légende, & l'écriture,
Et tous les livres les meilleurs ;
Blâmoit les visites secrettes ;
Frondoit l'attirail des coquettes ;
Et contre un monde de recettes,
Et de moyens de plaire aux yeux,
Invectivoit tout de son mieux.
A tous ces discours la galante
Ne s'arrêtoit aucunement.
Et de sermons n'étoit friande,
A moins qu'ils fussent d'un amant.
Cela faisoit que le bon sire
Ne savoit tantôt plus qu'y dire :
Eût voulu souvent être mort.
Il eut pourtant dans son martyre
Quelques momens de reconfort :
L'histoire en est très-véritable.
Une nuit, qu'ayant tenu table,
Et bu force bon vin nouveau,
Carvel ronfloit près de Babeau,
Il lui fut avis que le diable
Lui mettoit au doigt un anneau ;
Qu'il lui disoit : Je sais la peine

Qui te tourmente, & qui te gêne;
Carvel, j'ai pitié de ton cas;
Tiens cette bague, & ne la lâches;
Car tandis qu'au doigt tu l'auras,
Ce que tu crains point ne feras,
Point ne fera, fans que le faches.
Trop ne puis vous remercier,
Dit Carvel, la faveur eft grande:
Monfieur fatan, Dieu vous le rende,
Grand merci, Monfieur l'aumônier.
Là-deffus achevant fon fomme,
Et les yeux encore aggravés,
Il fe trouva que le bon homme
Avoit le doigt où vous favez.

L'HERMITE.

Nouvelle tirée de Bocace.

DAME Vénus & Dame hypocrifie,
Font quelquefois enfemble de bons coups;
Tout homme eft homme, & les moines fur tous :
Ce que j'en dis, ce n'eft point par envie.
Avez-vous fœur, fille, ou femme jolie,
Gardez le froc, c'eft un maître gonin :
Vous en tenez, s'il tombe fous fa main
Belle qui foit quelque peu fimple & neuve :

Pour vous montrer que je ne parle en vain,
Lifez ceci : je ne veux autre preuve.

Un jeune hermite étoit tenu pour faint :
On lui gardoit place dans la legende.
L'homme de Dieu d'une corde étoit ceint
Pleine de nœuds ; mais fous fa houpelande
Logeoit le cœur d'un dangereux paillard.
Un chapelet pendoit à fa ceinture
Long d'une braffe, & gros outre mefure :
Une clochette étoit de l'autre part.
Au demeurant, il faifoit le cafard,
Se renfermoit, voyant une femelle,
Dedans fa coque, & baiffoit la prunelle ;
Vous n'auriez dit qu'il eût mangé le lard.

Un bourg étoit dedans fon voifinage,
Et dans ce bourg une veuve fort fage,
Qui demeuroit tout à l'extrêmité.
Elle n'avoit pour tout bien qu'une fille,
Jeune, ingénue, agréable & gentille,
Pucelle encor, mais à la vérité
Moins par vertu que par fimplicité ;
Peu d'entregent, beaucoup d'honnêteté,

D'autre dot point ; d'amans pas davantage.
Du tems d'Adam qu'on naiſſoit tout vêtu ,
Je penſe bien que la belle en eût eu ;
Car avec rien on montoit un ménage.
Il ne falloit matelats ni linceul ;
Même le lit n'étoit pas néceſſaire.
Ce tems n'eſt plus : hymen qui marchoit ſeul ,
Mene à préſent à ſa ſuite un notaire.

L'anachorette , en quêtant par le bourg ,
Vit cette fille , & dit ſous ſon capuce ,
Voici de quoi : ſi tu ſais quelque tour ,
Il te le faut employer , frere Luce.
Pas n'y manqua : voici comme il s'y prit ,
Elle logeoit , comme j'ai déja dit ,
Tout près des champs , dans une maiſonnette ,
Dont la cloiſon par notre anachorette
Etant percée aiſément & ſans bruit ,
Le compagnon par une belle nuit ,
Belle , non pas ; le vent & la tempête
Favoriſoient le deſſein du galant.
Une nuit donc , dans les pertuis mettant
Un long cornet , tout du haut de ſa tête
Il leur cria : Femmes écoutez-moi.

A cette voix, toutes pleines d'effroi,
Se blottiſſant, l'une & l'autre eſt en trance.
Il continue, & corne à toute outrance :
Réveillez-vous, créatures de Dieu,
Toi femme veuve, & toi fille pucelle,
Allez trouver mon ſerviteur fidelle,
L'Hermite Luce, & partez de ce lieu
Demain matin, ſans le dire à perſonne ;
Car c'eſt ainſi que le ciel vous l'ordonne.
Ne craignez point ; je conduirai vos pas,
Luce eſt benin. Toi, veuve, tu feras
Que de ta fille il ait la compagnie ;
Car d'eux doit naître un Pape, dont la vie
Réformera tout le peuple chrétien.
La choſe fut tellement prononcée,
Que dans le lit l'une & l'autre enfoncée,
Ne laiſſa pas de l'entendre fort bien.
La peur les tint un quart d'heure en ſilence.
La fille enfin met le nez hors des draps ;
Et puis tirant ſa mere par le bras,
Lui dit d'un ton tout rempli d'innocence ;
Mon Dieu, maman, y faudra-t-il aller ?
Ma compagnie ? hélas ! qu'en veut-il faire ?
Je ne ſais pas comment il faut parler ;

Ma

Ma coufine Anne eft bien mieux fon affaire,
Et retiendroit bien mieux tous fes fermons.
Sotte, tais-toi, lui répartit la mere,
C'eft bien cela ; va, va, pour ces leçons
Il n'eft befoin de tout l'efprit du monde :
Dès la premiere, ou bien dès la feconde,
Ta coufine Anne en faura moins que toi.
Oui ? dit la fille, hé mon Dieu, menez-moi :
Partons bientôt, nous reviendrons au gîte.
Tout doux, reprit la mere en fouriant,
Il ne faut pas que nous allions fi vîte :
Car que fait-on ? Le diable eft bien méchant,
Et bien trompeur : fi c'étoit lui, ma fille,
Qui fût venu pour nous tendre des lacs ?
As-tu pris garde, il parloit d'un ton cas,
Comme je crois que parle la famille
De lucifer. Le fait mérite bien,
Que fans courir, ni précipiter rien,
Nous nous gardions de nous laiffer furprendre :
Si la frayeur t'avoit fais mal entendre ;
Pour moi, j'avois l'efprit tout éperdu.
Non, non, maman, j'ai fort bien entendu,
Dit la fillette. Or bien, reprit la mere,
Puis qu'ainfi va, mettons-nous en priere.

Le lendemain tout le jour se passa
A raisonner, & par-ci, & par-là,
Sur cette voix & sur cette rencontre.
La nuit venue arrive le corneur :
Il leur cria d'un ton à faire peur :
Femme incrédule, & qui vas à l'encontre
Des volontés de Dieu ton créateur,
Ne tarde plus, va-t-en trouver l'hermite,
Ou tu mourras. La fillette reprit :
Hé bien, maman, l'avois-je pas bien dit ?
Mon Dieu, partons ; allons rendre visite
A l'homme saint : je crains tant votre mort,
Que j'y courrois ; & tout de mon plus fort,
S'il le falloit. Allons donc, dit la mere.
La belle mit son corset des bons jours,
Son demi-ceint, ses pendans de velours,
Sans se douter de ce qu'elle alloit faire :
Jeune fillette a toujours soin de plaire.
Notre cagot s'étoit mis aux aguets,
Et par un trou qu'il avoit fait exprès
A sa cellule, il vouloit que ces femmes
Le pûssent voir, comme un brave soldat,
Le fouet en main, toujours en un état
De pénitence, & de tirer des flammes

Quelque défunt puni pour ſes méfaits,
Faiſant ſi bien en frappant tout auprès,
Qu'on crût ouir cinquante diſciplines.
Il n'ouvrit pas à nos deux pélerines
Du premier coup, & pendant un moment
Chacune pût l'entrevoir s'eſcrimant
Du ſaint outil. Enfin la porte s'ouvre,
Mais ce ne fut d'un bon *Miſerere.*
Le papelard contrefait l'étonné.
Tout en tremblant la veuve lui découvre,
Non ſans rougir, le cas comme il étoit.
A ſix pas d'eux la fillette attendoit
Le réſultat, qui fut que notre hermite
Les renvoya, fit le bon hypocrite.
Je crains, dit-il, les ruſes du malin :
Diſpenſez-moi ; le ſexe féminin
Ne doit avoir en ma cellule entrée.
Jamais de moi S. Pere ne naîtra.
Le veuve dit, toute déconfortée,
Jamais de vous ! Hé pourquoi ne fera ?
Elle ne put en tirer autre choſe.
En s'en allant la fillette diſoit,
Hélas, maman, nos péchés en ſont cauſe.
La nuit revient, & l'une & l'autre étoit

Au premier fomme , alors que l'hypocrite
Et fon cornet font bruire la maifon.
Il leur cria toujours du même ton :
Retournez voir Luce le faint hermite :
Je l'ai changé , retournez dès demain.
Les voilà donc dérechef en chemin.
Pour ne tirer plus en long cette hiftoire,
Il les reçut. La mere s'en alla ,
Seule , s'entend , la fille demeura ,.
Tout doucement il vous l'apprivoifa ;
Lui prit d'abord fon joli bras d'yvoire ;
Puis s'approcha , puis en vint au baifer ,
Puis aux beautés que l'on cache à la vue ;
Puis le galant vous la mit toute nue ,
Comme s'il eût voulu la baptifer.

O papelards , qu'on fe trompe à vos mines !
Tant lui donna du retour de matines ,
Que maux de cœur vinrent premiérement ,
Et maux de cœur chaffés , Dieu fait comment.
Enfin finale , une certaine enflure
La contraignit d'alonger fa ceinture ;
Mais en cachette , & fans en avertir
Le forge Pape , encore moins la mere.

Elle craignoit qu'on ne la fît partir :
Le jeu d'amour commençoit à lui plaire.
Vous me direz : D'où lui vint tant d'esprit ?
D'où ? De ce jeu, c'est l'arbre de science.
Sept mois entiers la galande attendit ;
Elle allégua son peu d'expérience.
Dès que la mere eut indice certain
De sa grossesse, elle lui fit soudain
Trousser bagage, & remercia l'hôte.
Lui de sa part rendit grace au Seigneur,
Qui soulageoit son pauvre serviteur.
Puis au départ il leur dit que sans faute,
Moyennant Dieu, l'enfant viendroit à bien.
Gardez pourtant, Dame, de faire rien,
Qui puisse nuire à votre géniture.
Ayez grand soin de cette créature;
Car tout bonheur vous en arrivera.
Vous régnerez, serez la signora,
Ferez monter aux grandeurs tous les vôtres,
Princes les uns, & grands seigneurs les autres,
Vos cousins ducs, cardinaux vos neveux :
Places, châteaux, tant pour vous que pour eux
Ne manqueront en aucune maniere,
Non plus que l'eau qui coule en la riviere.

Leur ayant fait cette prédiction,
Il leur donna sa bénédiction.

La signora de retour chez sa mere,
S'entretenoit jour & nuit du S. Pere,
Préparoit tout, lui faisoit des beguins;
Au demeurant, prenoit tous les matins
La couple d'œufs; attendoit en liesse
Ce qui viendroit d'une telle grossesse.
Mais ce qui vint détruisit les châteaux,
Fit avorter les mitres, les chapeaux,
Et les grandeurs de toute la famille.
La signora mit au monde une fille.

M A Z E T

DE LAMPORECHIO.

Nouvelle tirée de Bocace.

LE voile n'eſt le rampart le plus ſûr
Contre l'amour, ni le moins acceſſible :
Un bon mari, mieux que grille ni mur,
Y pourvoira, ſi pourvoir eſt poſſible.
C'eſt à mon ſens une erreur trop viſible
A des parens, pour ne dire autrement,

De préfumer, après qu'une perfonne
Bongré, malgré s'eft mife en un couvent,
Que Dieu prendra ce qu'ainfi l'on lui donne.
Abus, abus; je tiens que le malin
N'a revenu plus clair & plus certain;
(Sauf toutefois l'affiftance divine.)
Encore un coup, ne faut qu'on s'imagine,
Que d'être pure & nette de péché,
Soit privilege à la guimpe attaché.
Nenni da, non; je prétens qu'au contraire
Filles du monde ont toujours plus de peur
Que l'on ne donne atteinte à leur honneur;
La raifon eft, qu'elles en ont affaire.
Moins d'ennemis attaquent leur pudeur.
Les autres n'ont pour un feul adverfaire;
Tentation, fille d'oifiveté,
Ne manque pas d'agir de fon côté:
Puis le defir, enfant de la contrainte.
Ma fille eft nonne, *Ergo* c'eft une fainte:
Mal raifonné. Des quatrè parts les trois
En ont regret & fe mordent les doigts,
Font fouvent pis; au moins l'ai-je oui dire:
Car pour ce point je parle fans favoir.
Bocace en fait certain conte pour rire,

Que

Que j'ai rimé, comme vous allez voir.

Un bon vieillard en un couvent de filles,
Autrefois fut, labouroit le jardin.
Elles étoient toutes affez gentilles,
Et volontiers jafoient dès le matin.
Tant ne fongeoient au fervice divin,
Qu'à foi montrer ès parloirs aguimpées,
Bien blanchement, comme droites poupées,
Prête chacune à tenir coup aux gens;
Et n'étoit bruit qu'il fe trouvât léans
Fille qui n'eut de quoi rendre le change,
Se renvoyant l'une à l'autre l'éteuf.
Huit fœurs étoient, & l'abbeffe font neuf,
Si mal d'accord que c'étoit chofe étrange.
De la beauté la plûpart en avoient;
De la jeuneffe elles en avoient toutes.
En cetui lieu beaux peres fréquentoient,
Comme on peut croire, & tant bien fupputoient
Qu'ils ne manquoient à tomber fur leurs routes.

Le bon vieillard jardinier deffus dit,
Près de ces fœurs perdoit prefque l'efprit:
A leur caprice il ne pouvoit fuffire.

Tome II.   G

Toutes vouloient au vieillard commander;
Dont ne pouvant entr'elles s'accorder ,
Il souffroit plus que l'on ne sauroit dire.

Force lui fut de quitter la maison ;
Il en sortit de la même façon
Qu'étoit entré là-dedans le pauvre homme
Sans croix, ne pile, & n'ayant rien en somme
Qu'un vieil habit. Certain jeune garçon
De Lamporech, si j'ai bonne mémoire,
Dit au vieillard un beau jour après boire,
Et raisonnant sur le fait des nonnains,
Qu'il passeroit bien volontiers sa vie
Près de ces sœurs ; & qu'il avoit envie
De leur offrir son travail & ses mains,
Sans demander recompense ni gages.
Le compagnon ne visoit à l'argent :
Trop bien croyoit, ces sœurs étant peu sages,
Qu'il en pourroit croquer une en passant,
Et puis une autre , & puis toute la troupe.
Nuto lui dit (c'est le nom du vieillard)
Crois-moi , Mazet, mets-toi quelque autre part.
J'aimerois mieux être sans pain ni soupe ,
Que d'employer en ce lieu mon travail.

Les nonnes font un étrange bétail.
Qui n'a tâté de cette marchandife,
Ne fait encor ce que c'eft que tourment.
Je te le dis, laiffe-là ce couvent ;
Car d'efpérer les fervir à leur guife,
C'eft un abus, l'une voudra du mou,
L'autre du dur ; parquoi je te tiens fou,
D'autant plus fou que ces filles font fottes ;
Tu n'auras pas œuvre faite, entre nous ;
L'une voudra que tu plantes des choux,
L'autre voudra que ce foit des carottes.
Mazet reprit, ce n'eft pas là le point.
Vois-tu, Nuto, je ne fuis qu'une bête ;
Mais dans ce lieu tu ne me verras point
Un mois entier, fans qu'on m'y faffe fête.
La raifon eft, que je n'ai que vingt ans ;
Et comme toi je n'ai pas fait mon temps.
Je leur fuis propre, & ne demande en fomme
Que d'être admis. Alors dit le bon homme :
Au factotum tu n'as qu'à t'adreffer ;
Allons nous-en de ce pas lui parler.
Allons, dit l'autre. Il me vient une chofe
Dedans l'efprit. Je ferai le muet
Et l'idiot. Je penfe qu'en effet,

Reprit Nuto, cela peut être caufe
Que le pater avec le factotum
N'auront de toi ni crainte, ni foupçon.
La chofe alla comme ils l'avoient prévue.
Voilà Mazet, à qui pour bien-venue
L'on fait bêcher la moitié du jardin.
Il contrefait le fot & le badin,
Et cependant laboure comme un fire.
Autour de lui les nonnes alloient rire.

Un certain jour le compagnon dormant,
Ou bien feignant de dormir, il n'importe;
Bocace dit qu'il en faifoit femblant,
Deux des nonnains le voyant de la forte
Seul au jardin; car fur le haut du jour,
Nulle des fœurs ne faifoit long féjour
Hors le logis, le tout crainte du hâle:
De ces deux donc, l'une approchant Mazet,
Dit à fa fœur : Dedans ce cabinet
Menons ce fot. Mazet étoit beau mâle,
Et la galante à le confidérer
Avoit pris goût; parquoi fans différer
Amour lui fit propofer cette affaire.
L'autre reprit : Là dedans ? Hé quoi faire ?

Quoi? dit la sœur, je ne sais , l'on verra;
Ce que l'on fait alors qu'on en est là :
Ne dit-on pas qu'il se fait quelque chose?
JESUS, reprit l'autre sœur se signant,
Que dis-tu là ? Notre régle défend
De tels pensers. S'il nous fait un enfant ?
Si l'on nous voit? Tu t'en vas être cause
De quelque mal. On ne nous verra point,
Dit la premiere ; & quant à l'autre point
C'est s'alarmer avant que le coup vienne.
Usons du tems, sans nous tant mettre en peine,
Et sans prévoir les choses de si loin.
Nul n'est ici , nous avons tout à point,
L'heure, & le lieu si touffu que la vue
N'y peut passer : & puis sur l'avenue
Je suis d'avis qu'une fasse le guet :
Tandis que l'autre étant avec Mazet,
A son bel aise aura lieu de s'instruire :
Il est muet, & n'en pourra rien dire.
Soit fait, dit l'autre : il faut à ton desir
Acquiescer, & te faire plaisir.
Je passerai, si tu veux, la premiere,
Pour t'obliger : au moins à ton loisir
Tu t'ébattras puis après , de maniere

G 3

Qu'il ne fera befoin d'y retourner :
Ce que j'en dis, n'eft que pour t'obliger.
Je le vois bien, dit l'autre plus fincere :
Tu ne voudrois fans cela commencer
Affurément, & tu ferois honteufe.
Tant y refta cette fœur fcrupuleufe,
Qu'à la fin l'autre allant la dégager
De faction la fut faire changer.

Notre muet fait nouvelle partie :
Il s'en tira non fi gaillardement :
Cette fœur fut beaucoup plus mal lotie ;
Le pauvre gars acheva fimplement
Trois fois le jeu, puis après il fit chaffe.
Les deux nonnains n'oublierent la trace
Du cabinet, non plus que du jardin ;
Il ne falloit leur montrer le chemin.
Mazet pourtant fe ménagea de forte
Qu'à fœur Agnès, quelques jours en fuivant,
Il fit apprendre une femblable note
En un preffoir tout au bout du couvent.
Sœur Angélique & fœur Claude fuivirent,
L'une au dortoir, l'autre dans un cellier :
Tant qu'à la fin la cave & le grenier

Du fait des sœurs maintes chofes apprirent.
Point n'en refta, que le fire Mazet
Ne régalât au moins mal qu'il pouvoit.
L'Abbeffe auffi voulut entrer en danfe.
Elle eut fon droit, double & triple pitance,
De quoi les sœurs jeûnerent très-long-tems.
Mazet n'avoit faute de reftaurans ;
Mais reftaurans ne font pas grande affaire
A tant d'emploi. Tant prefferent le here
Qu'avec l'abbeffe un jour venant au choc,
J'ai toujours oui, ce dit-il, qu'un bon coq
N'en a que fept : au moins qu'on ne me laiffe
Toutes les neufs. Miracle, dit l'abbeffe,
Venez, mes sœurs, nos jeûnes ont tant fait
Que Mazet parle. Alentour du muet,
Non plus muet, toutes huit accoururent :
Tinrent chapitre, & fur l'heure conclurent,
Qu'à l'avenir Mazet feroit choyé,
Pour le plus fûr : car qu'il fût renvoyé,
Cela rendroit la chofe manifefte.
Le compagnon bien nourri, bien payé,
Fit ce qu'il put, d'autres firent le refte.
Il les engea de petits Mazillons,
Defquels on fit de petits moinillons ;

Ces moinillons devinrent bientôt peres,
Comme les sœurs devinrent bientôt meres
A leur regret, pleines d'humilité ;
Mais jamais nom ne fut mieux mérité.

LA MANDRAGORE.

Nouvelle tirée de Machiavel.

AU préſent conte on verra la ſottiſe
D'un Florentin. Il avoit femme priſe,
Honnête & ſage autant qu'il eſt beſoin,
Jeune pourtant, du reſte toute belle :
Et n'eût-on cru de jouiſſance telle,
Dans le pays, ni même encor plus loin.
Chacun l'aimoit, chacun la jugeoit digne
D'un autre époux : car quant à celui-ci,
Qu'on appelloit Nicia Calfucci,
Ce fut un ſot en ſon tems très-inſigne.

Bien le montra, lorsque bongré malgré
Il résolut d'être pere appellé ;
Crut qu'il feroit beaucoup pour sa patrie,
S'il la pouvoit orner de Calfuccis :
Sainte ni saint n'étoit en Paradis
Qui de ses vœux n'eût la tête étourdie.
Tous ne savoient où mettre ses présens.
Il consultoit matrônes, charlatans,
Diseurs de mots, experts sur cette affaire :
Le tout en vain : car il ne put tant faire
Que d'être pere. Il étoit buté là,
Quand un jeune homme, après avoir en France
Etudié, s'en revint à Florence ;
Aussi leurré qu'aucun de par de-là ;
Propre, galant, cherchant par tout fortune,
Bien fait de corps, bien voulu de chacune ;
Il fut dans peu la carte du pays ;
Connut les bons & les méchans maris ;
Et de quels bois se chauffoient leurs femelles ;
Quels surveillans ils avoient mis près d'elles ;
Les si, les car, enfin tous les détours ;
Comment gagner les confidens d'amours.
Et la nourrice, & le confesseur même,
Jusques au chien ; tout y fait quand on aime :
Tout tend aux fins, dont un seul yota
N'étant omis, d'abord le personnage
Jette son plomb sur Messer Nicia,

Pour lui donner l'ordre de cocuage.
Hardi deffein ! L'épouse de léans,
A dire vrai, recevoit bien les gens :
Mais, c'étoit tout : aucun de ses amans
Ne s'en pouvoit promettre davantage.
Celui-ci seul, Callimaque nommé,
Dès qu'il parut, fut très-fort à son gré.
Le galant donc près de la fortéresse
Assiet son camp, vous investit Lucrece,
Qui ne manqua de faire la tigresse
A l'ordinaire, & l'envoya jouer.
Il ne savoit à quel saint se vouer,
Quand le mari, par sa sottise extrême,
Lui fit juger qu'il n'étoit stratagême,
Panneau n'étoit, tant étrange semblât,
Où le pauvre homme à la fin ne donnât
De tout son cœur, & ne s'en affublât.
L'amant & lui, comme étant gens d'étude,
Avoient entr'eux lié quelque habitude ;
Car Nice étoit docteur en droit canon :
Mieux eût valu l'être en autre science,
Et qu'il n'eût pris si grande confiance
En Callimaque. Un jour au compagnon
Il se plaignit de se voir sans lignée.
A qui la faute ? Il étoit vert galant,
Lucrece jeune, & drue & bien taillée.
Lorsque j'étois à Paris, dit l'amant,

Un curieux y paffa d'aventure :
Je l'allai voir ; il m'apprit cent fecrets :
Entr'autres un pour avoir géniture ;
Et n'étoit chofe à fon compte plus fûre,
Le grand Mogol l'avoit avec fuccès,
Depuis deux ans, éprouvé fur fa femme ;
Mainte Princeffe, & mainte & mainte Dame
En avoit fait auffi d'heureux effais.
Il difoit vrai ; j'en ai vu des effets.
Cette récepte eft une médecine
Faite du jus de certaine racine
Ayant pour nom Mandragore ; & ce jus
Pris par la femme opére beaucoup plus,
Que ne fit onc nulle ombre monachale
D'aucun couvent de jeunes freres plein.
Dans dix mois d'hui je vous fais pere enfin,
Sans demander un plus long intervalle :
Et touchez-là ; dans dix mois & devant,
Nous porterons au baptême l'enfant.
Dites-vous vrai ? répartit Meffer Nice :
Vous me rendez un merveilleux office.
Vrai ? Je l'ai vu : faut-il répéter tant ?
Vous moquez-vous d'en douter feulement ?
Par votre foi, le Mogol eft-il homme
Que l'on ofàt de la forte affronter ?
Ce curieux en toucha telle fomme
Qu'il n'eut fujet de s'en mécontenter.

Nice reprit : voilà chofe admirable,
Et qui doit être à Lucrece agréable.
Quand lui verrai-je un poupon fur le fein ?
Notre féal, vous ferez le parrein ;
C'eft la raifon : dès-hui je vous en prie.
Tout doux, reprit alors notre galant ;
Ne foyez pas fi prompt, je vous fupplie :
Vous allez vîte : il faut auparavant
Vous dire tout. Un mal eft dans l'affaire ;
Mais ici-bas put-on jamais tant faire,
Que de trouver un bien pur & fans mal ?
Ce jus doué de vertu tant infigne,
Porte d'ailleurs qualité très-maligne :
Prefque toujours il fe trouve fatal
A celui-là qui le premier careffe
La patiente ; & fouvent on en meurt.
Nice reprit auffi-tôt, ferviteur ;
Plus de votre herbe, & laiffons-là Lucrece,
Telle qu'elle eft : bien grand-merci du foin.
Que fervira, moi mort, fi je fuis pere ?
Pourvoyez-vous de quelque autre compere :
C'eft trop de peine ; il n'en eft pas befoin.
L'amant lui dit : Quel efprit eft le vôtre ?
Toujours il va d'un excès dans un autre,
Le grand defir de vous voir un enfant
Vous tranfportoit nagueres d'allégreffe ;
Et vous voilà, tant vous avez de preffe,

Découragé fans attendre un moment.
Oyez le refte ; & fachez que nature
A mis rémede à tout, fors à la mort.
Qu'eft-il de faire, afin que l'aventure
Nous réufliffe, & qu'elle aille à bon port ?
Il nous faudra choifir quelque jeune homme
D'entre le peuple, un pauvre malheureux
Qui vous précéde au combat amoureux,
Tente la voie ; attire & prenne en fomme
Tout le venin ; puis le danger ôté,
Il conviendra que de votre côté
Vous agifliez, fans tarder davantage:
Car foyez fûr d'être alors garanti.
Il nous faut faire *in anima vili*
Ce premier pas ; & prendre un perfonnage
Lourd & de peu ; mais qui ne foit pourtant
Mal fait de corps, ni par trop dégoûtant ;
Ni d'un toucher fi rude & fi fauvage,
Qu'à votre femme un fupplice ce foit.
Nous favons bien que Madame Lucrece,
Accoûtumée à la délicateffe,
De Nicia, trop de peine en auroit:
Même il fe peut qu'en venant à la chofe,
Jamais fon cœur n'y voudroit confentir.
Or ai-je dit un jeune homme, & pour caufe ;
Car plus fera d'âge pour bien agir,
Moins laiffera de venin fans nul doute ;

Je vous promets qu'il n'en laiſſera goutte.
Nice d'abord eut peine à digérer
L'expédient ; allégua le danger,
Et l'infamie ; il en ſeroit en peine ;
Le magiſtrat pourroit le rechercher,
Sur le ſoupçon d'une mort ſi ſoudaine,
Empoiſonner un de ſes citadins !
Lucrece étoit échappée aux blondins ;
On l'alloit mettre entre les bras d'un ruſtre !
Je ſuis d'avis qu'on prenne un homme illuſtre,
Dit Callimaque, ou quelqu'un qui bientôt
En mille endroits cornera le myſtere.
Sottiſe & peur contiendront ce pitaut.
Au pis aller, l'argent le fera taire.
Votre moitié n'ayant lieu de s'y plaire
Et le coquin même n'y ſongeant pas,
Vous ne tombez proprement dans le cas
De cocuage. Il n'eſt pas dit encore
Qu'un tel paillard ne réſiſte au poiſon ;
Et ce nous eſt une double raiſon
De le choiſir tel, que la Mandragore
Conſume en vain ſur lui tout ſon venin.
Car quand je dis qu'on meurt, je n'entens dire
Aſſurément. Il vous faudra demain
Faire choiſir ſur la brune le ſire,
Et dès ce ſoir donner la potion :
J'en ai chez moi de la confection.

Gardez-vous bien au reste, Messer Nice,
D'aller paroître en aucune façon.
Ligurio choisira le garçon ;
C'est-là son fait : laissez-lui cet office.
Vous vous pouvez fier à ce valet,
Comme à vous-même : il est sage & discret.
J'oublie encor que pour plus d'assurance,
On bandera les yeux à ce paillard :
Il ne saura qui, quoi, n'en quelle part,
N'en quel logis, ni si dedans Florence,
Ou bien dehors on vous l'aura mené.
Par Nicia le tout fut approuvé.
Restoit sans plus d'y disposer sa femme.
De prime face, elle crut qu'on rioit ;
Puis se fâcha ; puis jura sur son ame,
Que mille fois plutôt on la tueroit.
Que diroit-on, si le bruit en couroit ?
Outre l'offense & péché trop énorme,
Calfuce & Dieu savoient que de tout tems,
Elle avoit craint ces devoirs complaisans,
Qu'elle enduroit seulement pour la forme.
Puis il viendra quelque mâtin difforme
L'incommoder, la mettre sur les dents :
Suis-je de taille à souffrir toutes gens ?
Quoi, recevoir un pitaut dans ma couche ?
Puis-je y songer qu'avecque du dedain ?
Et par saint Jean, ni pitaut, ni blondin,

Ni roi , ni roc , ne feront qu'autre touche
Que Nicia jamais onc à ma peau.

Lucrece étant de la forte arrêtée ,
On eut recours à frere Timothée.
Il la prêcha ; mais fi bien & fi beau ,
Qu'elle donna les mains par pénitence.
On l'affura de plus qu'on choifiroit
Quelque garçon d'honnête corpulence ;
Non trop ruftaut ; & qui ne lui feroit
Mal ni dégoût. La potion fut prife ,
Le lendemain notre amant fe déguife ,
Et s'enfarine en vrai garçon meûnier ;
Un faux menton , barbe d'étrange guife ;
Mieux ne pouvoit fe métamorphofer.
Ligurio , qui de la faciende
Et du complot avoit toujours été ,
Trouve l'amant tout tel qu'il le demande ,
Et ne doutant qu'on n'y fût attrapé ,
Sur le minuit le mene à Meffer Nice ,
Les yeux bandés , le poil teint , & fi bien
Que notre époux ne reconnut en rien
Le compagnon. Dans le lit il fe gliffe
En grand filence ; en grand filence auffi
La patiente attend fa deftinée ;
Bien blanchement , & ce foir atournée.
Voire ce foir ? Atournée ; & pour qui ?

Pour qui ? J'entens : n'eſt-ce pas que la Dame
Pour un meûnier prenoit trop de ſouci ?
Vous vous trompez ; le ſexe en uſe ainſi.
Meûniers ou Rois, il veut plaire à toute ame :
C'eſt double honneur, ce ſemble, en une femme,
Quand ſon mérite échauffe un eſprit lourd,
Et fait aimer les cœurs nés ſans amour.

Le traveſti changea de perſonnage,
Si-tôt qu'il eut Dame de tel corſage
A ſes côtés, & qu'il fut dans le lit.
Plus de meûnier ; la galante ſentit
Auprès de ſoi la peau d'un honnête homme.
Et ne croyez qu'on employât au ſomme
De tels momens. Elle diſoit tout bas :
Qu'eſt ceci donc ? Ce compagnon n'eſt pas
Tel que j'ai cru, le drôle a la peau fine,
C'eſt grand dommage, il ne mérite, hélas !
Un tel deſtin : j'ai regret qu'au trépas
Chaque moment de plaiſir l'achemine.
Tandis l'époux enrôlé tout de bon,
De ſa moitié plaignoit bien fort la peine.
Ce fut avec une fierté de Reine,
Qu'elle donna la premiere façon
De cocuage ; & pour le décoron
Point ne voulut y joindre ſes carreſſes.
A ce garçon la perle des Lucreces

Prendroit du goût ? Quand le premier venin
Fut emporté, notre amant prit la main
De sa maîtresse ; & de baisers de flamme
La parcourant : Pardon, dit-il, Madame ;
Ne vous fâchez du tour qu'on vous a fait ;
C'est Callimaque : approuvez son martyre.
Vous ne sauriez ce coup vous en dédire :
Votre rigueur n'est plus d'aucun effet.
S'il est fatal toutefois que j'expire,
J'en suis content : vous avez dans vos mains
Un moyen sûr de me priver de vie ;
Et le plaisir, bien mieux qu'aucuns venins,
M'achevera, tout le reste est folie.

Lucrece avoit jusque-là résisté,
Non par défaut de bonne volonté,
Ni que l'amant ne plût fort à la belle :
Mais la pudeur & la simplicité
L'avoient rendue ingrate en dépit d'elle.
Sans dire mot, sans oser respirer,
Pleine de honte & d'amour tout ensemble,
Elle se met aussi-tôt à pleurer.
A son amant peut-elle se montrer
Après cela ? Qu'en pourra-t-il penser ?
Dit-elle en soi, & qu'est-ce qu'il lui semble ?
J'ai bien manqué de courage & d'esprit.
Incontinent un excès de dépit

Saifit fon cœur, & fait que la pauvrette
Tourne la tête, & vers le coin du lit
Se va cacher, pour derniere retraite.
Elle y voulut tenir bon, mais en vain :
Ne lui reftant que ce peu de terrein,
La place fut incontinent rendue.
Le vainqueur l'eut à fa difcrétion :
Il en ufa felon fa paffion :
Et plus ne fut de larme répandue.
Honte ceffa, fcrupule autant en fit.
Heureux font ceux qu'on trompe à leur profit!
L'aurore vint trop tôt pour Callimaque,
Trop tôt encore pour l'objet de fes vœux.
Il faut, dit-il, beaucoup plus d'une attaque
Contre un venin tenu fi dangereux.
Les jours fuïvans notre couple amoureux
Y fut pourvoir : l'époux ne tarda gueres
Qu'il n'eût atteint tous fes autres confreres.

Pour ce coup-là fallut fe féparer :
L'amant courut chez foi fe recoucher.
A peine au lit il s'étoit mis encore,
Que notre époux joyeux & triomphant
Le va trouver, & lui conte comment

S'étoit paſſé le jus de Mandragore.
D'abord, dit-il, j'allai tout doucement
Auprès du lit écouter ſi le ſire
S'approcheroit, & s'il en voudroit dire.
Puis je priai notre épouſe tout bas,
Qu'elle lui fît quelque peu de careſſe,
Et ne craignît de gâter ſes appas.
C'étoit au plus une nuit d'embarras.
Et ne penſez, ce lui dis-je, Lucrece,
Ni l'un ni l'autre en ceci me tromper.
Je ſaurai tout : Nice ſe peut vanter
D'être homme à qui l'on n'en donne à garder:
Vous ſavez bien qu'il y va de ma vie.
N'allez donc point faire la renchérie :
Montrez par-là que vous ſavez aimer
Votre mari, plus qu'on ne croit encore :
C'eſt un beau champ. Que ſi cette pécore
Fait le honteux, envoyez ſans tarder
M'en avertir : car je me vais coucher,
Et n'y manquez : nous y mettrons bon ordre.
Beſoin n'en eut : tout fut bien juſqu'au bout.
Savez-vous bien que ce ruſtre y prit goût ?
Le drôle avoit tantôt peine à démordre.
J'en ai pitié : je le plains après tout.

N'y fongeons plus : qu'il meure, & qu'on l'enterre,
Et quant à vous, venez-nous voir fouvent.
Nargue de ceux qui me faifoient la guerre :
Dans neuf mois d'hui je leur livre un enfant.

LES REMOIS.

IL n'eſt cité, que je préfere à Reims:
C'eſt l'ornement & l'honneur de la France:
Car ſans compter l'Ampoule & les bons vins,
Charmans objets y ſont en abondance.
Par ce point-là je n'entens, quant à moi,
Tours ni portaux, mais gentilles Galoiſes;
Ayant trouvé telle de nos Remoiſes,
Friande aſſez pour la bouche d'un Roi.
Une avoit pris un peintre en mariage,
Homme eſtimé dans ſa profeſſion:

Il en vivoit : que faut-il davantage ?
C'étoit affez pour fa condition.
Chacun trouvoit fa femme fort heureufe,
Le drôle étoit, grace à certain talent,
Très-bon époux, encor meilleur galant.
De fon travail mainte Dame amoureufe
L'alloit trouver ; & le tout à deux fins :
C'étoit le bruit, à ce que dit l'hiftoire :
Moi qui ne fuis en cela des plus fins,
Je m'en rapporte à ce qu'il en faut croire.
Dès que le fire avoit Donzelle en main,
Il en rioit avecque fon époufe.
Les droits d'hymen allant toujours leur train,
Befoin n'étoit qu'elle fit la jaloufe.
Même elle eût pu le payer de fes tours ;
Et comme lui voyager en amours ;
Sauf d'en ufer avec plus de prudence,
Ne lui faifant la même confidence.

Entre les gens qu'elle fut attirer,
Deux fiens voifins fe laifferent leurrer
A l'entretien libre & gai de la Dame ;
Car c'étoit bien la plus trompeufe femme
Qu'en ce point-là l'on eût fu rencontrer :

Sage

Sage fur-tout ; mais aimant fort à rire.
Elle ne manque incontinent de dire
A fon mari l'amour des deux bourgeois,
Tous deux gens fots, tous deux gens à fornettes ;
Lui raconta mot pour mot leurs fleurettes,
Pleurs & foupirs, gémiffemens Gaulois.
Ils avoient lu, ou plutôt oui dire,
Que d'ordinaire en amour on foupire.
Ils tâchoient donc d'en faire leur devoir,
Que bien, que mal, & felon leur pouvoir.
A frais communs fe conduifoit l'affaire.
Ils ne devoient nulle chofe fe taire.
Le premier d'eux qu'on favoriferoit
De fon bonheur part à l'autre feroit.

Femmes, voilà fouvent comme on vous traite,
Le feul plaifir eft ce que l'on fouhaite.
Amour eft mort; le pauvre compagnon
Fut enterré fur les bords du Lignon ;
Nous n'en avons ici ni vent ni voie.
Vous y fervez de jouet & de proie
A jeunes gens, indifcrets, fcélérats :
C'eft bien raifon qu'au double on le leur rende :
Le beau premier qui fera dans vos lacs,
Plumez-le moi, je vous le recommande.

La Dame donc, pour tromper ses voisins;
Leur dit un jour: Vous boirez de nos vins
Ce soir chez nous. Mon mari s'en va faire
Un tour aux champs : & le bon de l'affaire
C'est qu'il ne doit au gîte revenir.
Nous nous pourrons à l'aise entretenir.
Bon, dirent-ils, nous viendrons sur la brune.
Or les voilà compagnons de fortune.
La nuit venue, ils sont au rendez-vous.
Eux introduits, croyant ville gagnée,
Un bruit survint; la fête fut troublée.
On frappe à l'huis; le logis aux verroux
Etoit fermé : la femme à la fenêtre
Court en disant, celui-là frappe en maître :
Seroit-ce point par malheur mon époux ?
Oui, cachez-vous, dit-elle, c'est lui-même.
Quelque accident, ou bien quelque soupçon
Le font venir coucher à la maison.
Nos deux galants dans ce péril extrême
Se jettent vîte en certain cabinet :
Car s'en aller, comment auroient-ils fait ?
Ils n'avoient pas le pied hors de la chambre,
Que l'époux entre, & voit au feu le membre
Accompagné de maint & maint pigeon,

L'un au hâtier, les autres au chaudron.
Oh, oh ! dit-il, voilà bonne cuisine !
Qui traitez-vous ? Alis notre voisine,
Reprit l'épouse, & Simonette aussi.
Loué soit Dieu qui vous ramene ici,
La compagnie en sera plus complette.
Madame Alis, Madame Simonette
N'y perdront rien. Il faut les avertir
Que tout est prêt, qu'elles n'ont qu'à venir.
J'y cours moi-même. Alors la créature
Les va prier. Or c'étoient les moitiés
De nos galants & chercheurs d'avanture,
Qui fort chagrins de se voir enfermés,
Ne laissoient pas de louer leur hôtesse,
De s'être ainsi tirée avec adresse
De cet apprêt. Avec elle à l'instant
Leurs deux moitiés entrent tout en chantant :
On les salue, on les baise, on les loue
De leur beauté, de leur ajustement :
On les contemple, on patine, on se joue.
Cela ne plût aux maris nullement.
Du cabinet la porte à demi close,
Leur laissant voir le tout distinctement,
Ils ne prenoient aucun goût à la chose :

Mais passe encor pour ce commencement.
Le soupé mis presque au même moment,
Le peintre prit par la main les deux femmes,
Les fit asseoir, entr'elles se plaça.
Je bois, dit-il, à la santé des Dames ;
Et de trinquer : passe encor pour cela.
On fit raison, le vin ne dura guere.
L'hôtesse étant alors sans chambriere
Court à la cave : & de peur des esprits
Mene avec foi Madame Simonette.
Le peintre reste avec Madame Alis,
Provinciale assez belle, & bien faite,
Et s'en piquant, & qui pour le pays
Se pouvoit dire honnêtement coquette.
Le compagnon vous la tenant seulette,
La conduisit de fleurette en fleurette
Jusqu'au toucher, & puis un peu plus loin,
Puis tout-à-coup levant la collerette,
Prit un baiser dont l'époux fut témoin.
Jusque-là passe ; époux, quand ils font sages,
Ne prennent garde à ces menus suffrages,
Et d'en tenir registre c'est abus.
Bien est-il vrai qu'en rencontre pareille
Simples baisers font craindre le surplus ;

Car fatan lors vient frapper fur l'oreille
De tel qui dort, & fait tant qu'il s'éveille.
L'époux vit donc, que tandis qu'une main
Se promenoit fur la gorge à fon aife,
L'autre prenoit tout un autre chemin.
Ce fut alors, Dame, ne vous déplaife,
Que le courroux lui montant au cerveau,
Il s'en alloit enfonçant fon chapeau,
Mettre l'alarme en tout le voifinage,
Battre fa femme, & dire au peintre rage,
Et témoigner qu'il n'avoit les bras gourds.
Gardez-vous bien de faire une fottife,
Lui dit tout bas fon compagnon d'amours,
Tenez-vous coi. Le bruit en nulle guife
N'eft bon ici, d'autant plus qu'en vos lacs
Vous êtes pris : ne vous montrez donc pas.
C'eft le moyen d'étouffer cette affaire :
Il eft écrit qu'à nul il ne faut faire
Ce qu'on ne veut à foi-même être fait.
Nous ne devons quitter ce cabinet
Que bien à point, & tantôt quand cet homme
Etant au lit prendra fon premier fomme :
Selon mon fens, c'eft le meilleur parti.
A tard viendroit auffi-bien la querelle.

N'êtes-vous pas cocu plus d'à demi ?
Madame Alis au fait a confenti :
Cela fuffit, le refte eft bagatelle.
L'époux goûta quelque peu ces raifons.
Sa femme fit quelque peu de façons,
N'ayant le tems d'en faire davantage.
Et puis ? Et puis, comme perfonne fage,
Elle remit fa coëffure en état.
On n'eût jamais foupçonné ce ménage,
Sans qu'il reftoit un certain incarnat
Deffus fon teint ; mais c'étoit peu de chofe :
Dame fleurette en pouvoit être caufe.
L'une pourtant des tireufes de vin
De lui fourire au retour ne fit faute :
Ce fut la peintre. On fe remit en train :
On releva grillades & feftin :
On but encore à la fanté de l'hôte,
Et de l'hôteffe, & de celle des trois
Qui la premiere auroit quelque aventure.
Le vin manqua pour la feconde fois.
L'hôteffe adroite & fine créature,
Soutient toujours qu'il revient des efprits
Chez les voifins. Ainfi Madame Alis
Servit d'Efcorte. Entendez que la Dame

Pour l'autre emploi inclinoit en son ame ;
Mais on l'emmene, & par ce moyen-là
De faction Simonette changea.
Celle-ci fait d'abord plus la sévere,
Veut suivre l'autre, ou feint le vouloir faire ;
Mais se sentant par le peintre tirer,
Elle demeure, étant trop ménagere,
Pour se laisser son habit déchirer.
L'époux voyant quel train prenoit l'affaire,
Voulut sortir. L'autre lui dit : Tout doux :
Nous ne voulons sur vous nul avantage.
C'est bien raison que Messer cocuage
Sur son état vous couche ainsi que nous ;
Sommes-nous pas compagnons de fortune ?
Puisque le peintre en a caressé l'une,
L'autre doit suivre. Il faut bongré malgré
Qu'elle entre en danse, & s'il est nécessaire,
Je m'offrirai de lui tenir le pied :
Vouliez ou non, elle aura son affaire.
Elle l'eut donc ; notre peintre y pourvût
Tout de son mieux : aussi le valoit-elle.
Cette derniere eut ce qu'il lui fallut :
On en donna le loisir à la belle.

Quand le vin fut de retour, on conclut
Qu'il ne falloit s'attabler davantage.
Il étoit tard ; & le peintre avoit fait
Pour ce jour-là fuffifamment d'ouvrage.
On dit bon foir. Le drôle fatisfait
Se met au lit. Nos gens fortent de cage.
L'hôtefſe alla tirer du cabinet
Les regardans honteux, mal contens d'elle,
Cocus de plus. Le pis de leur méchef
Fut qu'aucun d'eux ne put venir à chef
De fon deffein, ni rendre à la Donzelle
Ce qu'elle avoit à leurs femmes prêté :
Par conféquent c'eſt fait ; j'ai tout conté.

LA COURTISANE
AMOUREUSE.

Le jeune Amour, bien qu'il ait la façon
D'un dieu qui n'est encor qu'à sa leçon,
Fut de tout tems grand faiseur de miracles.
En gens coquets il change les Catons ;
Par lui les sots deviennent des oracles ;
Par lui les loups deviennent des moutons.
Il fait si bien que l'on n'est plus le même.
Témoin Hercule, & témoin Polyphême
Mangeur de gens. L'un sur un Roc assis

Chantoit aux vents ſes amoureux ſoucis ;
Et pour charmer ſa nymphe joliette
Tailloit ſa barbe, & ſe miroit dans l'eau.
L'autre changea ſa maſſue en fuſeau
Pour le plaiſir d'une jeune fillette.
J'en dirois cent. Bocace en rapporte un,
Dont j'ai trouvé l'exemple peu commun.
C'eſt de Chimon, jeune homme tout ſauvage,
Bien fait de corps, mais ours quant à l'eſprit.
Amour le léche, & tant qu'il le polit.
Chimon devint un galant perſonnage.
Qui fit cela ? Deux beaux yeux ſeulement.
Pour les avoir apperçus un moment,
Encore à peine, & voilés par le ſomme,
Chimon aima, puis devint honnête-homme.
Ce n'eſt le point dont il s'agit ici.

Je veux conter comme une de ces femmes
Qui font plaiſir aux enfans ſans ſouci,
Pût en ſon cœur loger d'honnêtes flammes.
Elle étoit fiere, & biſarre ſur-tout.
On ne ſavoit comme en venir à bout.
Rome c'étoit le lieu de ſon négoce.
Mettre à ſes pieds la mître avec la croſſe
C'étoit trop peu : les ſimples Monſeigneurs
N'étoient d'un rang digne de ſes faveurs.
Il lui falloit un homme du Conclave.

Et des premiers, & qui fût son esclave;
Et même encore il y profitoit peu,
A moins que d'être un cardinal neveu.
Le Pape enfin, s'il se fût piqué d'elle,
N'auroit été trop bon pour la Donzelle.
De son orgueil ses habits se sentoient.
Force brillans sur sa robe éclatoient,
La chamarure avec la broderie.
Lui voyant faire ainsi la rencherie,
Amour se mit en tête d'abaisser
Ce cœur si haut; & pour un gentilhomme
Jeune, bien fait, & des mieux mis de Rome,
Jusques au vif il voulut la blesser.
L'adolescent avoit pour nom Camille,
Elle, Constance. Et bien qu'il fût d'humeur
Douce, traitable, à se prendre facile,
Constance n'eût si-tôt l'amour au cœur,
Que la voilà craintive devenue.
Elle n'osa déclarer ses desirs
D'autre façon qu'avecque des soupirs.
Auparavant pudeur ni retenue
Ne l'arrêtoient; mais tout fut bien changé,
Comme on n'eût cru qu'amour se fût logé
En cœur si fier, Camille n'y prit garde.
Incessamment Constance le regarde;
Et puis soûpirs, & puis regards nouveaux;
Toujours rêveuse au milieu des cadeaux:

Sa beauté même y perdit quelque chose :
Bientôt le lys l'emporta sur la rose.

Avint qu'un soir Camille régala
De jeunes gens : il eut aussi des femmes,
Constance en fut. La chose se passa
Joyeusement ; car peu d'entre ces Dames
Etoient d'humeur à tenir des propos
De sainteté, ni de philosophie.
Constance seule étant sourde aux bons mots
Laissoit railler toute la compagnie.
Le soupé fait, chacun se retira.
Tout dès l'abord Constance s'éclipsa,
S'allant cacher en certaine ruelle.
Nul n'y prit garde : & l'on crut que chez elle,
Indisposée, ou de mauvaise humeur,
Ou pour affaire, elle étoit retournée.
La compagnie étant donc retirée,
Camille dit à ses gens, par bonheur,
Qu'on le laissât, & qu'il vouloit écrire.
Le voilà seul, & comme le desire
Celle qui l'aime, & qui ne sait comment
Ni l'aborder, ni par quel compliment
Elle pourra lui déclarer sa flamme.
Tremblante enfin, & par nécessité
Elle s'en vient. Qui fut bien étonné,
Ce fut Camille : Hé quoi, dit-il, Madame,

Vous furprenez ainfi vos bons amis ?
Il la fit feoir ; & puis s'étant remis ,
Qui vous croiroit, reprit-il, demeurée ?
Et qui vous a cette cache montrée ?
L'amour, dit-elle. A ce feul mot fans plus
Elle rougit ; chofe que ne font guere
Celles qui font prêtreffes de Vénus :
Le vermillon leur vient d'autre maniere.
Camille avoit déja quelque foupçon
Que l'on l'aimoit : il n'étoit fi novice
Qu'il ne connût fes gens à la façon.
Pour en avoir un plus certain indice ,
Et s'égayer , & voir fi ce cœur fier
Jufques au bout pourroit s'humilier ,
Il fit le froid. Notre amante en foûpire ,
La violence enfin de fon martyre
La fait parler : elle commence ainfi.
Je ne fais pas ce que vous allez dire ,
De voir Conftance ofer venir ici
Vous déclarer fa paffion extrême ,
Je ne faurois y penfer fans rougir :
Car du métier de nymphe me couvrir ,
On n'en eft plus dès le moment qu'on aime.
Puis quelle excufe ! Hélas, fi le paffé
Dans votre efprit pouvoit être effacé !
Du moins, Camille, excufez ma franchife.
Je vois fort bien que quoi que je vous dife

Je vous déplais. Mon zele me nuira.
Mais nuise, ou non, Conſtance vous adore :
Mépriſez-la, chaſſez-la, battez-la ;
Si vous pouvez, faites-lui pis encore ;
Elle eſt à vous. Alors le jouvenceau ;
Critiquer gens m'eſt, dit-il, fort nouveau ;
Ce n'eſt mon fait : & toutefois, Madame,
Je vous dirai tout net que ce diſcours
Me ſurprend fort ; & que vous n'êtes femme
Qui dût ainſi prévenir nos amours.
Outre le ſexe, & quelque bienſéance
Qu'il faut garder, vous vous êtes fait tort,
A quel propos toute cette éloquence ?
Votre béauté m'eût gagné ſans effort,
Et de ſon chef. Je vous le dis encor,
Je n'aime point qu'on me faſſe d'avance.
Ce propos fut à la pauvre Conſtance
Un coup de foudre. Elle reprit pourtant :
J'ai mérité ce mauvais traitement ;
Mais oſe-t-on vous dire ſa penſée ?
Mon procédé ne me nuiroit pas tant,
Si ma beauté n'étoit point effacée.
C'eſt compliment ce que vous m'avez dit :
J'en ſuis certaine, & lis dans votre eſprit :

Mon peu d'appas n'a rien qui vous engage.

D'où me vient-il ? Je m'en rapporte à vous.

N'eſt-il pas vrai que naguere , entre nous ,

A mes attraits chacun rendoit hommage ?

Ils ſont éteints ces dons ſi précieux.

L'amour que j'ai , m'a cauſé ce dommage.

Je ne ſuis plus aſſez belle à vos yeux.

Si je l'étois , je ſerois aſſez ſage.

Nous parlerons tantôt de ce point-là ,

Dit le galant ; il eſt tard , & voilà

Minuit qui ſonne ; il faut que je me couche,

Conſtance crut qu'elle auroit la moitié

D'un certain lit , que d'un œil de pitié

Elle voyoit : mais d'en ouvrir la bouche

Elle n'oſa , de crainte de refus.

Le compagnon , feignant d'être confus,

Se tut long-tems ; puis dit : Comment ferai-je ?

Je ne me puis tout ſeul déshabiller.

Et bien , Monſieur , dit-elle , appellerai-je ?

Non , reprit-il : gardez-vous d'appeller ,

Je ne veux pas qu'en ce lieu on vous voie ;

Ni qu'en ma chambre une fille de joie

Paſſe la nuit au ſû de tous mes gens.

Cela suffit, Monsieur, repartit-elle.
Pour éviter ces inconveniens,
Je me pourrois cacher en la ruelle :
Mais faisons mieux, & ne laissons venir
Personne ici : l'amoureuse Constance
Veut aujourd'hui de laquais vous servir
Accordez-lui pour toute recompense
Cet honneur-là. Le jeune homme y consent.
Elle s'approche ; elle le déboutonne ;
Touchant sans plus à l'habit, & n'osant
Du bout du doigt toucher à la personne.
Ce ne fut tout ; elle le déchaussa.
Quoi, de sa main ? Quoi, Constance elle-même ?
Qui fut-ce donc ? Est-ce trop que cela ?
Je voudrois bien déchausser ce que j'aime.

Le compagnon dans le lit se plaça ;
Sans la prier d'être de la partie.
Constance crut dans le commencement
Qu'il la vouloit éprouver seulement :
Mais tout cela passoit la raillerie.
Pour en venir au point plus important,

Il fait, dit-elle, un tems froid comme glace ;
Où me coucher ?

CAMILLE.

Par-tout où vous voudrez.

CONSTANCE.

Quoi, fur ce fiege ?

CAMILLE.

Et bien non ; vous viendrez
Dedans mon lit.

CONSTANCE.

Délacez-moi, de grace.

CAMILLE.

Je ne faurois, il fait froid, je fuis nud ;
Délacez-vous. Notre amante ayant vu
Près du chevet un poignard dans fa gaîne,
Le prend, le tire, & coupe fes habits,
Corps piqué d'or, garniture de prix,
Ajuftement de Princefle & de Reine ;
Ce que les gens en deux mois à grand'peine
Avoient brodé, périt en un moment :

Tome II.   K

Sans regretter ni plaindre aucunement
Ce que le sexe aime plus que sa vie.
Femmes de France, en feriez-vous autant ?
Je crois que non, j'en suis sûr, & partant
Cela fut beau sans doute en Italie.

La pauvre amante approche en tapinois,
Croyant tout fait ; & que pour cette fois
Aucun bizarre & nouveau stratagême
Ne viendroit plus son aise reculer.
Camille dit : C'est trop dissimuler ;
Femme qui vient se produire elle-même
N'aura jamais de place à mes côtés.
Si bon vous semble, allez-vous mettre aux pieds ?
Ce fut bien-là qu'une douleur extrême
Saisit la belle, & si lors par hazard
Elle avoit eu dans ses mains le poignard,
C'en étoit fait : elle eût de part en part
Percé son cœur. Toutefois l'espérance
Ne mourut pas encor dans son esprit.
Camille étoit trop connu de Constance ;
Et que ce fut tout de bon qu'il eût dit
Chose si dure, & pleine d'insolence ;
Lui qui s'étoit jusques-là comporté

En homme doux, civil, & sans fierté,
Cela sembloit contre toute apparence.
Elle va donc en travers se placer
Aux pieds du sire ; & d'abord les lui baise ;
Mais point trop fort, de peur de le blesser.
On peut juger si Camille étoit aise.
Quelle victoire ! Avoir mis à ce point
Une beauté si superbe & si fiere !
Une beauté ! je ne la décris point ;
Il me faudroit une semaine entiere.
On ne pouvoit reprocher seulement
Que la pâleur à cet objet charmant,
Pâleur encor dont la cause étoit telle
Qu'elle donnoit du lustre à notre belle.
Camille donc s'étend : & sur un sein
Pour qui l'yvoire auroit eu de l'envie ;
Pose ses pieds, & sans cérémonie
Il s'accommode, & se fait un coussin :
Puis feint qu'il céde aux charmes de Morphée.
Par les sanglots notre amante étouffée
Lâche la bonde aux pleurs cette fois-là ;
Ce fut la fin. Camille l'appella,
D'un ton de voix qui plut fort à la belle.
Je suis content, dit-il, de votre amour.

Venez, venez, Constance, c'est mon tour.
Elle se glisse : & lui s'approchant d'elle,
M'avez-vous cru si dur & si brutal,
Que d'avoir fait tout de bon le sévere ?
Dit-il d'abord, vous me connoissez mal :
Je vous voulois donner lieu de me plaire.
Or bien je sais le fond de votre cœur.
Je suis content, satisfait, plein de joie,
Comblé d'amour : & que votre rigueur,
Si bon lui semble, à son tour se déploie :
Elle le peut : usez-en librement.
Je me déclare aujourd'hui votre amant,
Et votre époux ; & ne sais nulle Dame,
De quelque rang & beauté que ce soit,
Qui vous valût pour maîtresse & pour femme ;
Car le passé rappeller ne se doit
Entre nous deux. Une chose ai-je à dire :
C'est qu'en secret il nous faut marier.
Il n'est besoin de vous spécifier
Pour quel sujet : cela vous doit suffire.
Même il est mieux de cette façon-là.
Un tel hymen à des amours ressemble ;
On est époux & galant tout ensemble.
L'histoire dit que le drôle ajoûta :

Voulez-vous pas , en attendant le prêtre,
A votre amant vous fier aujourd'hui ?
Vous le pouvez , je vous réponds de lui ;
Son cœur n'est pas d'un perfide & d'un traître.
A tout cela Constance ne dit rien.
C'étoit tout dire : il le reconnut bien ,
N'étant novice en semblables affaires.
Quant au surplus , ce sont de tels mysteres ,
Qu'il n'est besoin d'en faire le récit.
Voilà comment Constance réussit.

Or faites-en , nymphes, votre profit.
Amour en a dans son académie,
Si l'on vouloit venir à l'examen ,
Que j'aimerois pour un pareil hymen
Mieux que mainte autre à qui l'on se marie.
Femme qui n'a filé toute sa vie
Tâche à passer bien des choses sans bruit ,
Témoin Constance & tout ce qui s'ensuit :
Noviciat d'épreuves un peu dures :
Elle en reçut abondamment le fruit :
Nonnes je sais , qui voudroient chaque nuit
En faire un tel à toutes aventures.

Ce que possible on ne croira pas vrai ,

C'eſt que Camille, en careſſant la belle,
Des dons d'amour lui fit goûter l'eſſai.
L'eſſai ? Je faux : Conſtance en étoit-elle
Aux élémens ? Oui Conſtance en étoit
Aux élémens. Ce que la belle avoit
Pris & donné de plaiſirs en ſa vie,
Compter pour rien juſqu'alors ſe devoit.
Pourquoi cela ? Quiconque aime le die.

NICAISE.

UN apprentif marchand étoit,
Qu'avec droit Nicaise on nommoit :
Garçon très-neuf, hors sa boutique,
Et quelque peu d'arithmétique :
Garçon novice dans les tours
Qui se pratiquent en amours.
Bons bourgeois, du tems de nos peres,
S'avisoient tard d'être bons freres,
Ils n'apprenoient cette leçon,
Qu'ayant de la barbe au menton.

Ceux d'aujourd'hui, fans qu'on les flatte,
Ont foin de s'y rendre favans,
Auffi-tôt que les autres gens.
Le jouvenceau de vieille date,
Poffible un peu moins avancé,
Par les degrés n'avoit paffé.
Quoi qu'il en foit, le pauvre fire
En très-beau chemin demeura,
Se trouvant court par celui-là ;
C'eft par l'efprit que je veux dire :
Une belle pourtant l'aima,
C'étoit la fille de fon maître ;
Fille aimable autant qu'on peut l'être,
Et ne tournant autour du pot :
Soit par humeur franche & fincere,
Soit qu'il fût force d'ainfi faire,
Etant tombée aux mains d'un fot.
Quelqu'un de trop de hardieffe
Ira la taxer, & moi non ;
Tels procédés ont leur raifon.
Lors que l'on aime une déeffe,
Elle fait ces avances-là :
Notre belle favoit cela.
Son efprit, fes traits, fa richeffe

Engageoient

Engageoient beaucoup de jeuneſſe
A ſa recherche ; heureux ſeroit
Celui d'entr'eux qui cueilleroit
En nom d'hymen certaine choſe,
Qu'à meilleur titre elle promit
Au jouvenceau ci-deſſus dit.
Certain dieu par fois en diſpoſe,
Amour nommé communément.
Il plut à la belle d'élire
Pour ce point l'apprentif marchand.
Bien eſt vrai (car il faut tout dire)
Qu'il étoit très-bien fait de corps,
Beau, jeune, & frais : ce ſont tréſors
Que ne mépriſe aucune Dame,
Tant ſoit ſon eſprit précieux.
Pour une qu'amour prend par l'ame,
Il en prend mille par les yeux.
Celle-ci donc des plus galantes,
Par mille choſes engageantes
Tâchoit d'encourager le gars,
N'étoit chiche de ſes regards,
Le pinçoit, lui venoit ſoûrire,
Sur les yeux lui mettoit la main,
Sur le pied lui marchoit enfin.

A ce langage il ne fut dire
Autre chofe que des foûpirs,
Interprétes de fes defirs.

Tant fut, à ce que dit l'hiftoire,
De part & d'autre foûpiré,
Que leur feu dûement déclaré,
Les jeunes gens, comme on peut croire,
Ne s'épargnerent ni fermens,
Ni d'autres points bien plus charmans;
Comme baifers à groffe ufure:
Le tout fans compte & fans mefure.
Calculateur que fût l'amant,
Brouiller falloit inceffamment:
La chofe étoit tant infinie,
Qu'il y faifoit toujours abus:
Somme toute, il n'y manquoit plus
Qu'une feule cérémonie.
Bon fait aux filles l'épargner.
Ce ne fut pas fans témoigner
Bien du regret, bien de l'envie.
Par vous, difoit la belle amie,
Je me la veux faire enfeigner,
Ou ne la favoir de ma vie.

Je la faurai, je vous promets ;
Tenez-vous certain déformais
De m'avoir pour votre apprentie.
Je ne puis pour vous que ce point,
Je fuis franche ; n'attendez point
Que par un langage ordinaire,
Je vous promette de me faire
Religieufe, à moins qu'un jour
L'hymen ne fuive notre amour.
Cet hymen feroit bien mon compte,
N'en doutez point : mais le moyen ?
Vous m'aimez trop, pour vouloir rien
Qui me pût caufer de la honte.
Tels & tels m'ont fait demander.
Mon pere eft prêt de m'accorder.
Moi je vous permets d'efpérer
Qu'à qui que ce foit qu'on m'engage,
Soit confeiller, foit préfident,
Soit veille ou jour de mariage,
Je ferai vôtre auparavant,
Et vous aurez mon pucelage.

Le garçon la remercia
Comme il put. A huit jours de là

Il s'offre un parti d'importance.
La belle dit à ſon ami :
Tenons-nous-en à celui-ci ;
Car il eſt homme, que je penſe,
A paſſer la choſe au gros ſas.
La belle en étant ſur ce cas,
On la promet, on la commence :
Le jour des noces ſe tient prêt.

Entendez ceci, s'il vous plaît.
Je penſe voir votre penſée
Sur ce mot-là de commencée.
C'étoit alors ſans point d'abus
Fille promiſe & rien de plus.

Huit jours donnés à la fiancée,
Comme elle appréhendoit encor
Quelque rupture en cet accord,
Elle différe le négoce
Juſqu'au propre jour de la noce ;
De peur de certain accident,
Qui les fillettes va perdant.
On mene au moûtier cependant
Notre galante encor pucelle.

Le oui fut dit à la chandelle.
L'époux voulut avec la belle
S'en aller coucher au retour.
Elle demande encor ce jour,
Et ne l'obtient qu'avecque peine.
Il fallut pourtant y paſſer.
Comme l'aurore étoit prochaine,
L'épouſe au lieu de ſe coucher
S'habille. On eût dit une Reine.
Rien ne manquoit aux vêtemens,
Perles, joyaux, & diamans;
Son épouſé la faiſoit Dame.
Son ami pour la faire femme
Prend heure avec elle au matin.
Ils devoient aller au jardin,
Dans un bois propre à telle affaire.
Une compagne y devoit faire
Le guet autour de nos amans,
Compagne inſtruite du myſtere.
La belle s'y rend la premiere,
Sous le prétexte d'aller faire
Un bouquet, dit-elle, à ſes gens.
Nicaiſe, après quelques momens,
La va trouver : & le bon ſire

Voyant le lieu, se met à dire :
Qu'il fait ici d'humidité !
Foin, votre habit sera gâté.
Il est beau : ce seroit dommage.
Souffrez, sans tarder davantage,
Que j'aille querir un tapis.
Eh mon dieu, laissons les habits,
Dit la belle toute piquée,
Je dirai que je suis tombée.
Pour la perte n'y songez point.
Quand on a tems si fort à point,
Il en faut user ; & périssent
Tous les vêtemens du pays ;
Que plutôt tous les beaux habits
Soient gâtés, & qu'ils se salissent,
Que d'aller ainsi consumer
Un quart-d'heure : un quart-d'heure est cher.
Tandis que tous les gens agissent
Pour ma noce, il ne tient qu'à vous
D'employer des momens si doux.
Ce que je dis ne me sied guere :
Mais je vous chéris, & vous veux
Rendre honnête homme, si je peux.
En vérité, dit l'amoureux,

Conferver étoffe fi chere
Ne fera point mal fait à nous.
Je cours ; c'eft fait ; je fuis à vous :
Deux minutes feront l'affaire.

Là-deffus il part, fans laiffer
Le tems de lui rien repliquer.
Sa fottife guérit la Dame :
Un tel dédain lui vint en l'amè,
Qu'elle reprit dès ce moment
Son cœur, que trop indignement
Elle avoit placé. Quelle honte !
Prince des fots, dit-elle en foi,
Va, je n'ai nul regret de toi :
Tout autre eût été mieux mon compte.
Mon bon Ange a confidéré
Que tu n'avois pas mérité
Une faveur fi précieufe.
Je ne veux plus être amoureufe
Que de mon mari ; j'en fais vœu.
Et de peur qu'un refte de feu
A le trahir ne me rengage,
Je vais, fans tarder davantage,
Lui porter un bien qu'il auroit,

Quand Nicaiſe en ſon lieu ſeroit.
A ces mots la pauvre épouſée
Sort du bois fort ſcandaliſée.
L'autre revient, & ſon tapis ;
Mais ce n'eſt plus comme jadis.
Amans, la bonne heure ne ſonne
A toutes les heures du jour.
J'ai lu dans l'alphabet d'amour ,
Qu'un galant près d'une perſonne
N'a toujours le tems comme il veut :
Qu'il le prenne donc comme il peut.
Tous délais y font du dommage :
Nicaiſe en eſt un témoignage.
Fort eſſouflé d'avoir couru ,
Et joyeux de telle proueſſe ,
Il s'en revient, bien réſolu
D'employer tapis & maîtreſſe.
Mais quoi, la Dame au bel habit ,
Mordant ſes levres de dépit ,
Retournoit vers la compagnie ;
Et de ſa flamme bien guérie ,
Poſſible alloit dans ce moment ,
Pour ſe venger de ſon amant,
Porter à ſon mari la choſe

Qui lui cauſoit ce dépit-là.
Quelle choſe ? C'eſt celle-là
Que fille dit toujours qu'elle a.
Je le crois ; mais d'en mettre jà
Mon doigt au feu, ma foi, je n'oſe :
Ce que je ſais, c'eſt qu'en tel cas
Fille qui ment ne péche pas.

Grace à Nicaiſe, notre belle,
Ayant ſa fleur en dépit d'elle,
S'en retournoit tout en grondant :
Quand Nicaiſe la rencontrant,
A quoi tient, dit-il à la Dame,
Que vous ne m'ayez attendu ?
Sur ce tapis bien étendu
Vous ſeriez en peu d'heure femme.
Retournons donc ſans conſulter :
Venez ceſſer d'être pucelle ;
Puis que je puis, ſans rien gâter,
Vous témoigner quel eſt mon zele.
Non pas cela, reprit la belle :
Mon pucelage dit qu'il faut
Remettre l'affaire à tantôt.
J'aime votre ſanté, Nicaiſe ;

Et vous conseille auparavant
De reprendre un peu votre vent.
Or respirez tout à votre aise.
Vous êtes apprentif marchand ;
Faites-vous apprentif galant :
Vous n'y serez pas si-tôt maître,
A mon égard, je ne puis être
Votre maîtresse en ce métier.
Sire Nicaise, il vous faut prendre
Quelque servante du quartier.
Vous savez des étoffes vendre,
Et leur prix en perfection ;
Mais ce que vaut l'occasion
Vous l'ignorez, allez l'apprendre.

COMMENT L'ESPRIT

VIENT

AUX FILLES.

IL est un jeu divertissant sur tous,
Jeu dont l'ardeur souvent se renouvelle :
Il divertit & la laide & la belle :
Soit jour, soit nuit, à toute heure il est doux :
Or devinez comment ce jeu s'appelle.

Le beau du jeu n'est connu de l'époux :
C'est chez l'amant que ce plaisir excelle.

De regardans, pour y juger des coups,
Il n'en faut point, jamais on n'y querelle.
Or devinez comment ce jeu s'appelle.
Qu'importe-t-il ? Sans s'arrêter au nom,
Ni badiner là-deſſus davantage,
Je vais encor vous en dire l'uſage ;
Il fait venir l'eſprit & la raiſon.
Nous le voyons en mainte beſtiole.
Avant que Liſe allât en cette école,
Liſe n'étoit qu'un miſérable oiſon,
Coudre & filer étoit ſon exercice,
Non pas le ſien, mais celui de ſes doigts :
Car que l'eſprit eût part à cet office,
Ne le croyez ; il n'étoit nuls emplois
Où Liſe pût avoir l'ame occupée :
Liſe ſongeoit autant que ſa poupée.
Cent fois le jour ſa mere lui diſoit :
Va-t-en chercher de l'eſprit, malheureuſe.
La pauvre fille auſſi-tôt s'en alloit
Chez les voiſins, affligée & honteuſe,
Leur demandant où ſe vendoit l'eſprit.
On en rioit : à la fin on lui dit :
Allez trouver pere Bonaventure,
Car il en a bonne proviſion.
Incontinent la jeune créature
S'en va le voir, non ſans confuſion ;
Elle craignoit que ce ne fût dommage

De détourner ainsi tel personnage.
Me voudroit-il faire de tels présens,
A moi qui n'ai que quatorze ou quinze ans?
Vaux-je cela? disoit en soi la belle.
Son innocence augmentoit ses appas :
Amour n'avoit à son croc de pucelle
Dont il crût faire un aussi bon repas.
Mon révérend, dit-elle au béat homme,
Je viens vous voir; des personnes m'ont dit,
Qu'en ce couvent on vendoit de l'esprit :
Votre plaisir seroit-il qu'à crédit
J'en pûsse avoir? Non pas pour grosse somme;
A gros achat mon trésor ne suffit :
Je reviendrai, s'il m'en faut davantage :
Et cependant prenez ceci pour gage.
A ce discours, je ne sais quelle anneau,
Qu'elle tiroit de son doigt avec peine,
Ne venant point; le pere dit : Tout beau,
Nous pourvoirons à ce qui vous amene,
Sans exiger nul salaire de vous :
Il est marchande, & marchande entre nous;
A l'une on vend ce qu'à l'autre l'on donne.
Entrez ici; suivez-moi hardiment;
Nul ne nous voit, aucun ne nous entend,
Tous sont au chœur; le portier est personne
Entiérement à ma dévotion;
Et ces murs ont de la discrétion,

Elle le fuit : ils vont à fa cellule.
Mon révérend la jette fur un lit ;
Veut la baifer ; la pauvrette recule
Un peu la tête ; & l'innocente dit :
Quoi, c'eft ainfi qu'on donne de l'efprit?
Et vraiment oui , repart fa révérence :
Puis il lui met la main fur le teton.
Encore ainfi ? Vraiment oui ; comment donc ?
La belle prend le tout en patience ;
Il fuit fa pointe, & d'encor en encor
Toujours l'efprit s'infinue & s'avance ,
Tant & fi bien qu'il arrive à bon port.
Life rioit du fuccès de la chofe.
Bonaventure à fix momens de là
Donne d'efprit une feconde dofe.
Ce ne fut tout, une autre fuccéda ;
La charité du beau pere étoit grande.
Et bien, dit-il, que vous femble du jeu?
A nous venir l'efprit tarde bien peu,
Reprit la belle ; & puis elle demande :
Mais s'il s'en va ? S'il s'en va ? Nous verrons ;
D'autres fecrets fe mettent en ufage.
N'en cherchez point, dit Life, davantage ;
De celui-ci nous nous contenterons.
Soit fait, dit-il, nous recommencerons ,
Au pis aller, tant & tant, qu'il fuffife.
Le pis aller fembla le mieux à Life.

Le secret même encor se répéta
Par le *Pater* ; il aimoit cette danse.
Lise lui fait une humble révérence ;
Et s'en retourne en songeant à cela.
Lise songer ! Quoi, déja Lise songe !
Elle fait plus, elle cherche un mensonge,
Se doutant bien qu'on lui demanderoit,
Sans y manquer, d'où ce retard venoit.
Deux jours après sa compagne Nannette
S'en vient la voir : pendant leur entretien
Lise rêvoit. Nannette comprit bien,
Comme elle étoit clair-voyante & finette,
Que Lise alors ne rêvoit pas pour rien.
Elle fait tant, tourne tant son amie,
Que celle-ci lui déclare le tout.
L'autre n'étoit à l'ouir endormie,
Sans rien cacher, Lise, de bout en bout,
De point en point, lui conte le mystere,
Dimensions de l'esprit du beau pere,
Et les encor, enfin tout le phœbé.
Mais vous, dit-elle, apprenez-nous, de grace,
Quand & par qui l'esprit vous fut donné.
Anne reprit : Puisqu'il faut que je fasse
Un libre aveu, c'est votre frere Alain
Qui m'a donné de l'esprit un matin.
Mon frere Alain ! Alain ! s'écria Lise,
Alain mon frere ! Ah, je suis bien surprise ;

Il n'en a point, comme en donneroit-il ?
Sotte , dit l'autre , hélas ! tu n'en fais guere ;
Apprens de moi que pour pareille affaire
Il n'est besoin que l'on soit si subtil.
Ne me crois-tu ? Sache-le de ta mere ,
Elle est experte au fait dont il s'agit.
Sur ce point-là l'on t'aura bientôt dit ,
Vivent les sots pour donner de l'esprit.

L'ABBESSE

L'ABBESSE

MALADE.

L'EXEMPLE fert, l'exemple nuit auffi ;
Lequel des deux doit l'emporter ici,
Ce n'eft mon fait : l'un dira que l'abbeffe
En ufa bien, l'autre au contraire, mal,
Selon les gens : bien ou mal, je ne laiffe
D'avoir mon comptè, & montre en général,
Par ce que fit tout un troupeau de nonnes,
Que brebis font la plupart des perfonnes ;
Qu'il en paffe une, il en paffera cent ;

Tant fur les gens eft l'exemple puiffant,
Agnès paffa, puis autre fœur, puis une:
Tant qu'à paffer s'entrepreffant chacune,
On vit enfin celle qui les gardoit
Paffer auffi : c'eft en gros tout le conte:
Voici comment en détail on le conte.

Certaine abbeffe un certain mal avoit,
Pâles couleurs nommé parmi les filles;
Mal dangereux, & qui des plus gentilles
Détruit l'éclat, fait languir les attraits.
Notre malade avoit la face blême
Tout juftement comme un faint de carême,
Bonne d'ailleurs, & gente à cela près.
La faculté fur ce point confultée,
Après avoir la chofe examinée,
Dit que bientôt Madame tomberoit
En fievre lente, & puis qu'elle mourroit.
Force fera que cette humeur la mange;
A moins que de... l'à moins eft bien étrange:
A moins enfin qu'elle n'ait à fouhait
Compagnie d'homme. Hippocrate ne fait
Choix de fes mots, & tant tourner ne fait,
Jefus, reprit toute fcandalifée
Madame abbeffe : hé que dites-vous là?
Fi : Nous difons, repartit à cela
La faculté, que pour chofe affurée

Vous en mourrez, à moins d'un bon galant.
Bon le faut-il, c'eſt un point important ;
Et ſi bon n'eſt, deux en prendrez, Madame,
Ce fut bien pis : non pas que dans ſon ame
Ce bon ne fût par elle ſouhaité ;
Mais le moyen que ſa communauté
Lui vit ſans peine approuver telle choſe ?
Honte ſouvent eſt de dommage cauſe.
Sœur Agnès dit : Madame croyez-les.
Un tel remede eſt choſe bien mauvaiſe,
S'il a le goût méchant à beaucoup près
Comme la mort. Vous faites cent ſecrets,
Faut-il qu'un ſeul vous choque & vous déplaiſe ;
Vous en parlez, Agnès, bien à votre aiſe,
Reprit l'abbeſſe : or çà, par votre Dieu,
Le feriez-vous ? Mettez-vous en mon lieu.
Oui-dà, Madame ; & dis bien davantage :
Votre ſanté m'eſt chere juſques-là,
Que s'il falloit pour vous ſouffrir cela,
Je ne voudrois que, dans ce témoignage
D'affection, pas une de céans
Me devançât. Mille remercimens
A ſœur Agnès donnés par ſon abbeſſe,
La faculté dit adieu là-deſſus,
Et proteſta de ne revenir plus.
Tout le couvent ſe trouvoit en triſteſſe,
Quand ſœur Agnès, qui n'étoit de ce lieu

La moins senfée, au refte bonne lame,
Dit à fes fœurs : Tout ce qui tient Madame
Eft feulement belle honte de Dieu.
Par charité n'en eft-il point quelqu'une
Pour lui montrer l'exemple & le chemin ?
Cet avis fut approuvé de chacune :
On l'applaudit, il court de main en main,
Pas une n'eft, qui montre en ce deffein
De la froideur, foit nonne, foit nonnette,
Mere prieure, ancienne, ou difcrette.
Le billet trotte : on fait venir des gens
De toute guife, & des noirs, & des blancs,
Et des tannés. L'efcadron, dit l'hiftoire,
Ne fut petit, ni comme l'on peut croire,
Lent à montrer de fa part le chemin.
Ils ne cédoient à pas une nonnain,
Dans le defir de faire que Madame
Ne fût honteufe, ou bien n'eût dans fon ame
Tel récipé poffible à contre-cœur.
De fes brebis à peine la premiere
A fait le faut, qu'il fuit une autre fœur.
Une troifieme entre dans la carriere :
Nulle ne veut demeurer en arriere ;
Preffe fe met pour n'être la derniere.
Que dirai plus ? Enfin l'impreffion
Qu'avoit l'abbeffe encontre ce remede,
Sage rendue à tant d'exemples céde.

Un jouvenceau fait l'opération
Sur la malade. Elle redevient rofe,
Œillet, aurore, & fi quelque autre chofe
De plus riant fe peut imaginer.
O doux remede, ô remede à donner,
Remede ami de mainte créature ;
Ami des gens, ami de la nature,
Ami de tout, point d'honneur excepté.
Point d'honneur eft une autre maladie :
Dans fes écrits Madame faculté
N'en parle point. Que de maux en la vie !

LES TROQUEURS.

LE changement de mets réjouit l'homme :
Quand je dis l'homme ; entendez qu'en ceci
La femme doit être comprise aussi :
Et ne fait pas comme il ne vient de Rome
Permission de troquer en hymen,
Non si souvent qu'on en auroit envie,
Mais tout au moins une fois en sa vie ;
Peut-être un jour nous l'obtiendrons, Amen,
Ainsi soit-il. Semblable indult en France
Viendroit fort bien ; j'en réponds, car nos gens
Sont grands troqueurs, Dieu nous créa changeans.

Près de Rouen, pays de sapience,
Deux villageois avoient chacun chez soi
Forte femelle, & d'assez bon alloi
Pour telles gens qui n'y raffinent guere :
Chacun sait bien qu'il n'est pas nécessaire
Qu'amour les traite ainsi que des prélats.
Avint pourtant que tous deux étant las
De leurs moitiés, leur voisin le notaire
Un jour de fête avec eux chopinoit.
Un des manans lui dit : Sire Oudinet,
J'ai dans l'esprit une plaisante affaire.
Vous avez fait sans doute en votre tems
Plusieurs contrats de diverse nature :
Ne peut-on point en faire un, où les gens
Troquent de femme, ainsi que de monture ?
Notre pasteur a bien changé de cure ;
La femme est-elle un cas si différent ?
Eh pargué non ; car Messire Grégoire
Disoit toujours, si j'ai bonne mémoire,
Mes brebis sont ma femme : cependant
Il a changé : changeons aussi, compere.
Très-volontiers, reprit l'autre manant ;
Mais tu sais bien que notre ménagere
Est la plus belle : Or ça, sire Oudinet,

Sera-ce

Sera-ce trop, s'il donne son mulet
Pour le retour ? Mon mulet ? Et parguenne,
Dit le premier des villageois susdits,
Chacune vaut en ce monde son prix ;
La mienne ira but à but pour la tienne ;
On ne regarde aux femmes de si près :
Point de retour, vois-tu, compere Etienne,
Mon mulet, c'est.... C'est le roi des mulets.
Tu ne devrois me demander mon âne
Tant seulement : troc pour troc, touche là.
Sire Oudinet raisonnant sur cela,
Dit : Il est vrai que Tiennette a sur Jeanne
De l'avantage, à ce qu'il semble aux gens ;
Mais le meilleur de la bête, à mon sens,
N'est ce qu'on voit : femmes ont maintes choses
Que je préfere, & qui sont lettres closes ;
Femmes aussi trompent assez souvent ;
Ja ne les faut éplucher trop avant.
Or sus, voisins, faisons les choses nettes.
Vous ne voulez chat en poche donner
Ni l'un ni l'autre : allons donc confronter
Vos deux moitiés, comme Dieu les a faites.
L'expédient fut approuvé de tous :
Trop bien voilà Messieurs les deux époux,

Qui fur ce point triomphent de s'étendre ;
Tiennette n'a ni furot ni malandre,
Dit le fecond. Jeanne, dit le premier,
A le corps net comme un petit denier ;
Ma foi c'eft bâme. Et Tiennette eft ambroife,
Dit fon époux ; telle je la maintien.
L'autre reprit : compere, tien-toi bien ;
Tu ne connois Jeanne ma villageoife ;
Je t'avertis qu'à ce jeu.... m'entens-tu ?
L'autre manant jura , par la vertu ,
Tiennette & moi nous n'avons qu'une noife ,
C'eft qui des deux y fait de meilleurs tours ;
Tu m'en diras quelques mots dans deux jours :
A toi , compere ; & de prendre la taffe ,
Et de trinquer : allons, fire Oudinet,
A Jeanne , top ; puis à Tiennette , maffe ?
Somme qu'enfin la foute du mulet
Fut accordée , & voilà marché fait.
Notre notaire affura l'un & l'autre
Que tels traités alloient leur grand chemin.
Sire Oudinet étoit un bon apôtre
Qui fe fit bien payer fon parchemin.
Par qui payer ? Par Jeanne & par Tiennette :
Il ne voulut rien prendre des maris.

Les villageois furent tous deux d'avis ,
Que pour un tems la chofe fût fecrette ;
Mais il en vint au curé quelque vent.
Il prit auffi fon droit, je n'en affure ,
Et n'y étois ; mais la vérité pure
Eft que curés y manquent peu fouvent.
Le clerc non plus ne fit du fien remife ;
Rien ne fe perd entre les gens d'Eglife.
Les permuteurs ne pouvoient bonnement
Exécuter un pareil changement
Dans ce village , à moins que de fcandale :
Ainfi bientôt l'un & l'autre détale ,
Et va planter le piquet en un lieu
Où tout fut bien d'abord moyennant Dieu.
C'étoit plaifir que de les voir enfemble.
Les femmes même, à l'envi des maris ,
S'entredifoient en leurs menus devis :
Bon fait troquer, commere, à ton avis ?
Si nous troquions de valet ? Que t'en femble ?
Ce dernier troc, s'il fe fit, fut fecret.
L'autre d'abord eut un très-bon effet.
Le premier mois très-bien ils s'en trouverent :
Mais à la fin nos gens fe dégouterent.
Compere Etienne , ainfi qu'on peut penfer ,

Fut le premier des deux à se lasser ;
Pleurant Tiennette : il y perdoit sans doute.
Compere Gille eut regret à sa foute.
Il ne voulut retroquer toutefois.
Qu'en avint-il ? Un jour parmi les bois
Etienne vit toute fine seulette
Près d'un ruisseau sa défunte Tiennette,
Qui par hazard dormoit sous la coudrette.
Il s'approcha l'éveillant en sursaut.
Elle du troc ne se souvint pour l'heure ;
Dont le galant, sans plus longue demeure,
En vint au point. Bref ils firent le saut.
Le conte dit qu'il la trouva meilleure
Qu'au premier jour. Pourquoi cela ? Pourquoi ?
Belle demande ! en l'amoureuse loi,
Pain qu'on dérobe & qu'on mange en cachette,
Vaut mieux que pain qu'on cuit ou qu'on achette,
Je m'en rapporte aux plus savans que moi.
Il faut pourtant que la chose soit vraie,
Et qu'après tout hymenée & l'amour
Ne soient pas gens à cuire en même four :
Témoin l'ébat qu'on prit sous la coudraie.
On y fit chere, il ne s'y servit plat
Où maître amour, cuisinier délicat,

Et plus friand que n'eſt maître hymenée,
N'eût mis la main. Tiennette retournée,
Compere Etienne, homme neuf en ce fait,
Dit à part ſoi : Gille a quelque ſecret ;
J'ai retrouvé Tiennette plus jolie
Qu'elle ne fut onc en jour de ſa vie.
Reprenons-la, faiſons tour de Normand :
Dédiſons-nous, uſons du privilege.
Voilà l'exploit qui trotte incontinent,
Aux fins de voir le troc & changement
Déclaré nul, & caſſé nettement.
Gille aſſigné de ſon mieux ſe défend.
Un promoteur intervient pour le ſiege
Epiſcopal, & vendique le cas.
Grand bruit par-tout, ainſi que d'ordinaire :
Le parlement évoque à ſoi l'affaire.
Sire Oudinet le faiſeur de contrats
Eſt amené : l'on l'entend ſur la choſe.
Voilà l'état où l'on dit qu'eſt la cauſe ;
Car c'eſt un fait arrivé depuis peu.
Pauvre ignorant que le compere Etienne !
Contre ſes fins cet homme en premier lieu
Va de droit fil ; car s'il prit à ce jeu
Quelque plaiſir, c'eſt qu'alors la chrétienne

N'étoit à lui. Le bon fens vouloit donc
Que pour toujours il la laiffât à Gille ;
Sauf la coudraie, où Tiennette, dit-on,
Alloit fouvent en chantant fa chanfon :
L'y rencontrer étoit chofe facile ;
Et fuppofé que facile ne fût,
Falloit qu'alors fon plaifir d'autant crût.
Mais allez-moi prêcher cette doctrine
A des manans : ceux-ci pourtant avoient
Fait un bon tour, & très-bien s'en trouvoient;
Sans le dédit; c'étoit piece affez fine
Pour en devoir l'exemple à d'autres gens.
J'ai grand regret de n'en avoir les gands !

LE CAS
DE CONSCIENCE.

Les gens du pays des fables
Donnent ordinairement
Noms & titres agréables
Affez libéralement ;
Cela ne leur coûte guere :
Tout leur eft nymphe ou bergere,
Et déeffe bien fouvent.
Horace n'y faifoit faute.

Si la fervante de l'hôte
Au lit de notre homme alloit,
C'étoit auffitôt Ilie,
C'étoit la nymphe Egerie,
C'étoit tout ce qu'on vouloit.
Dieu, par fa bonté profonde,
Un beau jour mit dans le monde
Apollon fon ferviteur ;
Et l'y mit juftement comme
Adam le nomenclateur :
Lui difant, te voilà, nomme.
Suivant cette antique loi
Nous fommes parrains du Roi.
De ce privilege infigne
Moi, faifeur de vers indigne,
Je pourrois ufer auffi
Dans les contes que voici ;
Et s'il me plaifoit de dire,
Au lieu d'Anne, Sylvanire,
Et pour Meffire Thomas
Le grand druide Adamas,
Me mettroit-on à l'amende ?
Non : mais tout confidéré,
Le préfent conte demande

Qu'on dife Anne & le curé ;
Anne, puis qu'ainfi va, paffoit dans fon village
Pour la perle & le parangon.
Etant un jour près d'un rivage,
Elle vit un jeune garçon
Se baigner nud. La fillette étoit drue,
Honnête toutefois. L'objet plut à fa vue.
Nuls défauts ne pouvoient être au gars reprochés :
Puis dès auparavant aimé de la bergere,
Quand il en auroit eu, l'amour les eût cachés ;
Jamais tailleur n'en fut mieux que lui la maniere.
Anne ne craignoit rien : des faules la couvroient,
Comme eût fait une jaloufie :
Çà & là fes regards en liberté couroient
Où les portoit leur fantaifie.
Çà & là, c'eft-à-dire aux différens attraits
Du garçon au corps jeune & frais,
Blanc, poli, bien formé, de taille haute & droite,
Digne enfin des regards d'Annette.
D'abord une honte fecrette
La fit quatre pas reculer,
L'amour huit autres avancer :
Le fcrupule furvint, & penfa tout gâter.
Anne avoit bonne confcience ;

Mais comment s'abstenir ? Est-il quelque défense
    Qui l'emporte sur le desir,
Quand le hazard fait naître un sujet de plaisir ?
La belle à celui-ci fit quelque résistance.
    A la fin ne comprenant pas
    Comme on peut pécher de cent pas,
Elle s'assit sur l'herbe ; & très-fort attentive,
    Annette la contemplative
Regarda de son mieux. Quelqu'un n'a-t-il point vu
    Comme on dessine sur nature ?
    On vous campe une créature,
Une Eve, ou quelque Adam : j'entens un objet nud ;
Puis force gens assis, comme notre bergere,
Font un crayon conforme à cet original.
Au fond de sa mémoire Anne en sut fort bien faire
    Un qui ne ressembloit pas mal.
Elle y seroit encor, si Guillot (c'est le sire)
Ne fût sorti de l'eau. La belle se retire
A propos ; l'ennemi n'étoit plus qu'à vingt pas,
Plus fort qu'à l'ordinaire , & c'eût été grand cas
    Qu'après de semblables idées
    Amour en fût demeuré-là :
    Il contoit pour siennes déja
    Les faveurs qu'Anne avoit gardées.

Qui ne s'y fût trompé ? Plus je songe à cela,
Moins je le puis comprendre. Anne la scrupuleuse
N'osa, quoi qu'il en soit, le garçon régaler ;
Ne laissant pas pourtant de récapituler
Les points qui la rendoient encor toute honteuse.
Pâques vint, & ce fut un nouvel embarras.
Anne, faisant passer ses péchés en revue,
Comme un passevolant mit en un coin ce cas ;
    Mais la chose fut apperçue.
    Le curé Messire Thomas
Sut relever le fait ; & comme l'on peut croire,
En confesseur exact il fit conter l'histoire,
Et circonstancier le tout fort amplement,
    Pour en connoître l'importance,
Puis faire aucunement quadrer la pénitence :
Chose où ne doit errer un confesseur prudent.
    Celui-ci mal mena la belle.
Etre dans ses regards à tel point sensuelle !
    C'est, dit-il, un très-grand péché.
Autant vaut l'avoir vu que de l'avoir touché.
    Cependant la peine imposée
    Fut à souffrir assez aisée.
Je n'en parlerai point ; seulement on saura
Que Messieurs les curés, en tous ces cantons-là,

Ainſi qu'au nôtre, avoient des dévots & dévotes,
　　Qui pour l'examen de leurs fautes
Leur payoient un tribut ; qui plus, qui moins, ſelon
　　Que le compte à rendre étoit long.
Du tribut de cet an Anne étant ſoucieuſe,
Arrive que Guillot pêche un brochet fort grand :
　　Tout auſſitôt le jeune amant
Le donne à ſa maîtreſſe ; elle toute joyeuſe
　　Le va porter du même pas
　　Au curé Meſſire Thomas.
Il reçoit le préſent, il l'admire, & le drôle
　　　D'un petit coup ſur l'épaule
　　　La fillette régala,
　　　Lui ſourit, lui dit : Voilà
　　　Mon fait ; joignant à cela
　　　D'autres petites affaires.
C'étoit jour de calende, * & nombre de confreres
Devoient dîner chez lui. Voulez-vous doublement
　　M'obliger ? dit-il à la belle ;

---

* *C'eſt un jour de chaque mois où tous les curés du dioceſe s'aſſemblent, pour conférer enſemble ſur des matieres de religion, chez quelqu'un d'eux qui leur donne à dîner.*

Accommodez chez vous ce poiſſon promptement,
   Puis l'apportez incontinent ;
   Ma ſervante eſt un peu nouvelle.
Anne court ; & voilà les prêtres arrivés :
Grand bruit, grande cohuë, en cave on ſe tranſ-
      porte.
   Aucun des vins ſont approuvés :
   Chacun en raiſonne à ſa ſorte.
   On met ſur table, & le doyen
Prend place, en ſaluant toute la compagnie.
Raconter leurs propos ſeroit choſe infinie ;
   Puis le lecteur s'en doute bien.
On permuta cent fois, ſans permuter pas une.
Santés, Dieu ſait combien : chacun à ſa chacune
But en faiſant de l'œil, nul ſcandale : on ſervit
Potage, menus mets, & même juſqu'au fruit
Sans que le brochet vînt : tout le dîner s'acheve
Sans brochet ; pas un brin. Guillot ſachant ce don
L'avoit fait retracter pour plus d'une raiſon.
Légere de brochet la troupe enfin ſe leve.
Qui fut bien étonné ? Qu'on le juge. Il alla
   Dire ceci, dire cela
   A Madame Anne le jour même ;
L'appella cent fois ſotte, & dans ſa rage extrême

Lui penſa reprocher l'aventure du bain.
Traiter votre curé, dit-il, comme un coquin!
Pour qui nous prenez-vous ? Paſteurs ſont-ce ca-
    nailles ?
    Alors par droit de repréſailles,
    Anne dit au prêtre outragé :
Autant vaut l'avoir vu, que de l'avoir mangé.

LE DIABLE
DE PAPEFIGUIERE.

MAITRE François dit que Papimanie
Est un pays, où les gens sont heureux,
Le vrai dormir ne fut fait que pour eux :
Nous n'en avons ici que la copie.
Et par saint Jean, si Dieu me prête vie,
Je le verrai ce pays où l'on dort :
On y fait plus, on n'y fait nulle chose :
C'est un emploi que je recherche encor :
Ajoutez-y quelque petite dose

D'amour honnête, & puis me voilà fort.
Tout au rebours, il est une province
Où les gens sont haïs, maudits de Dieu.
On les connoît à leur visage mince,
Le long dormir est exclus de ce lieu :
Partant, lecteurs, si quelqu'un se présente
A vos regards, ayant face riante ,
Couleur vermeille , & visage replet ,
Taille non pas de quelque mingrelet ,
Dire pourrez , sans que l'on vous condamne :
Cettui me semble à le voir Papimane.
Si d'autre part celui que vous verrez
N'a l'œil riant, le corps rond , le teint frais ,
Sans hésiter, qualifiez cet homme
Papefiguier. Papefigue se nomme
L'isle & province où les gens autrefois
Firent la figue au portrait du saint Pere :
Punis en sont, rien chez eux ne prospere :
Ainsi nous l'a conté maître François. *
L'isle fut lors donnée en appanage
A lucifer, c'est sa maison des champs.
On voit courir par-tout cet héritage
Ses commensaux , rudes à pauvres gens ,
Peuple ayant queue, ayant cornes & griffes ,

---

* *Rabelais.*

Si maints tableaux ne font point apocryphes.
Advint un jour qu'un de ces beaux Meſſieurs
Vit un manant ruſé, des plus trompeurs,
Verſer un champ dans l'iſle deſſus dite.
Bien paroiſſoit la terre être maudite,
Car le manant avec peine & ſueur
La retournoit, & faiſoit ſon labeur.
Survint un diable, à titre de ſeigneur.
Ce diable étoit des gens de l'Evangile,
Simple, ignorant, à tromper très-facile,
Bon gentilhomme, & qui, dans ſon courroux,
N'avoit encor tonné que ſur les choux :
Plus ne ſavoit apporter de dommage.
Vilain, dit-il, vaquer à nul ouvrage
N'eſt mon talent : je ſuis un diable iſſu
De noble race, & qui n'a jamais ſu
Se tourmenter ainſi que font les autres.
Tu ſais, vilain, que tous ces champs ſont nôtres.
Ils ſont à nous dévolus par l'édit
Qui mit jadis cette iſle en interdit.
Vous y vivez deſſous notre police.
Partant, vilain, je puis avec juſtice
M'attribuer tout le fruit de ce champ :
Mais je ſuis bon, & veux que dans un an
Nous partagions ſans noiſe & ſans querelle.
Quel grain veux-tu répandre dans ces lieux ?
Le manant dit : Monſeigneur, pour le mieux

Tome II.   O

Je crois qu'il faut les couvrir de touzelle ;
Car c'eft un grain qui vient fort aifément.
Je ne connois ce grain-là nullement,
Dit le lutin ; comment dis-tu ? Touzelle ?
Mémoire n'ai d'aucun grain qui s'appelle
De cette forte : or emplis-en ce lieu :.
Touzelle foit, touzelle de par Dieu ;
J'en fuis content. Fais donc vîte, & travaille,
Manant, travaille, & travaille, vilain ;
Travailler eft le fait de la canaille ;
Ne t'attens pas que je t'aide un feul brin ;
Ni que par moi ton labeur fe confomme ;
Je t'ai ja dit que j'étois gentilhomme :
Né pour chommer, & pour ne rien favoir.
Voici comment ira notre partage.
Deux lots feront ; dont l'un, c'eft à favoir
Ce qui hors terre & deffus l'héritage,
Aura pouffé, demeurera pour toi ;
L'autre dans terre eft réfervé pour moi.

L'oût arrivé, la touzelle eft fciée,
Et tout d'un tems fa racine arrachée,
Pour fatisfaire au lot du diableteau.
Il y croyoit la femence attachée,
Et que l'épi non plus que le tuyau
N'étoit qu'une herbe inutile & féchée,
Le laboureur vous la ferra très-bien.

L'autre au marché porta son chaume vendre ;
On le hua, pas un n'en offrit rien :
Le pauvre diable étoit prêt à se pendre.
Il s'en alla chez son compartageant :
Le drôle avoit la touzelle vendue,
Pour le plus sûr, en gerbe & non battue,
Ne manquant pas de bien cacher l'argent.
Bien le cacha ; le diable en fut la dupe.
Coquin, dit-il, tu m'as joué d'un tour :
C'est ton métier : je suis diable de cour,
Qui comme vous à tromper ne m'occupe.
Quel grain veux-tu semer pour l'an prochain ?
Le manant dit : Je crois qu'au lieu de grain
Planter me faut ou navets ou carottes,
Vous en aurez, Monseigneur, pleines hottes ;
Si mieux n'aimez raves dans la saison.
Raves, navets, carottes : tout est bon,
Dit le lutin ; mon lot sera hors terre ;
Le tien dedans. Je ne veux point de guerre
Avecque toi, si tu ne m'y contrains.
Je vais tenter quelques jeunes nonnains.
L'auteur ne dit ce que firent les nonnes.
Le tems venu de recueillir encor,
Le manant prend raves belles & bonnes,
Feuilles sans plus tombent pour tout trésor
Au diableteau, qui l'épaule chargée
Court au marché. Grande fut la risée :

Chacun lui dit son mot cette fois-là.
Monsieur le diable, où croit cette denrée ?
Où mettrez-vous ce qu'on en donnera ?
Plein de courroux & vuide de pécune,
Leger d'argent, & chargé de rancune,
Il va trouver le manant, qui rioit
Avec sa femme, & se solacioit.
Ah ! par la mort, par le sang, par la tête,
Dit le démon, il le payra parbieu.
Vous voici donc, Phlipot la bonne bête ;
Çà, çà galons-le en enfant de bon lieu :
Mais il vaut mieux remettre la partie :
J'ai sur les bras une Dame jolie
A qui je dois faire franchir le pas.
Elle le veut, & puis ne le veut pas.
L'époux n'aura dedans la confrerie
Si-tôt un pied, qu'à vous je reviendrai,
Maître Phlipot, & tant vous galerai
Que ne jouerez ces tours de votre vie.
A coups de griffe il faut que nous voyons
Lequel aura de nous deux belle amie,
Et jouira du fruit de ces sillons.
Prendre pourrois d'autorité suprême
Touzelle & grain, champ & rave, enfin tout :
Mais je les veux avoir par le bon bout,
N'espérez plus user de stratagême.
Dans huit jours d'hui je suis à vous Phlipot ;

Et touchez-là , ceci fera mon arme.
Le villageois étourdi du vacarme ,
Au farfadet ne put répondre un mot.
Perrette en rit , c'étoit fa ménagere ,
Bonne galande en toutes les façons ,
Et qui fut plus que garder les moutons ,
Tant qu'elle fut en âge de bergere.
Elle lui dit : Phlipot , ne pleure point :
Je veux d'ici renvoyer de tout point
Ce diableteau : c'eft un jeune novice
Qui n'a rien vu. Je t'en tirerai hors :
Mon petit doigt fauroit plus de malice ,
Si je voulois , que n'en fait tout fon corps.
Le jour venu , Phlipot , qui n'étoit brave ,
Se va cacher , non point dans une cave ,
Trop bien va-t-il fe plonger tout entier
Dans un profond & large bénitier.
Aucun démon n'eut fu par où le prendre ,
Tant fut fubtil ; car d'étoles , dit-on ,
Il s'affubla le chef , pour s'en défendre ,
S'étant plongé dans l'eau jufqu'au menton.
Or le laiffons , il n'en viendra pas faute.
Tout le clergé chante autour à voix haute ,
Vade retro. Perrette cependant
Eft au logis le lutin attendant.
Le lutin vient : Perrette échevelée
Sort , & fe plaint de Phlipot , en criant :

Ah, le bourreau, le traître, le méchant !
Il m'a perdue, il m'a toute affolée.
Au nom de Dieu, Monſeigneur, ſauvez-vous,
A coups de griffes il m'a dit en courroux,
Qu'il ſe devoit contre votre excellence
Battre tantôt, & battre à toute outrance :
Pour s'éprouver le perfide m'a fait
Cette balafre. A ces mots au follet
Elle fait voir... Et quoi ? Choſe terrible.
Le diable en eut une peur tant horrible,
Qu'il ſe ſigna, penſa preſque tomber ;
Onc n'avoit vu, ne lu, n'oüi conter
Que coups de griffe euſſent ſemblable forme.
Bref, auſſitôt qu'il apperçut l'énorme
Solution de continuité,
Il demeura ſi fort épouvanté,
Qu'il prit la fuite & laiſſa là Perrette.
Tous les voiſins chomerent la défaite
De ce démon : le clergé ne fut pas
Des plus tardifs à prendre part au cas.

FERONDE
ou
LE PURGATOIRE.

Vers le Levant le vieil de la Montagne
Se rendit craint par un moyen nouveau.
Craint n'étoit-il pour l'immenfe campagne
Qu'il poffédât, ni pour aucun monceau
D'or ou d'argent ; mais parce qu'au cerveau
De fes fujets il imprimoit des chofes
Qui de maint fait courageux étoient caufes.

Il choisiſſoit entr'eux les plus hardis;
Et leur faiſoit donner du Paradis
Un avant-goût à leurs ſens perceptible,
Du Paradis de ſon légiſlateur.
Rien n'en a dit ce prophete menteur,
Qui ne devînt très-croyable & ſenſible
A ces gens-là. Comment s'y prenoit-on?
On les faiſoit boire tous de façon,
Qu'ils s'enyvroient, perdoient ſens & raiſon.
En cet état, privés de connoiſſance,
On les portoit en d'agréables lieux,
Ombrages frais, jardins délicieux.
Là ſe trouvoient tendrons en abondance,
Plus que maillés, & beaux par excellence,
Chaque réduit en avoit à couper.
Si ſe venoient joliment attrouper
Près de ces gens, qui, leur boiſſon cuvée,
S'émerveilloient de voir cette couvée;
Et ſe croyoient habitans devenus
Des champs heureux qu'aſſigne à ſes élus
Le faux Mahom. Lors de faire accointance,
Turcs d'approcher, tendrons d'entrer en danſe;
Au gazouillis des ruiſſeaux de ces bois,
Au ſon des luts accompagnant les voix

Des

Des roſſignols : il n'eſt plaiſir au monde
Qu'on ne goûtât dedans ce Paradis :
Les gens trouvoient en ſon charmant pourpris
Les meilleurs vins de la machine ronde ;
Dont ne manquoient encor de s'enyvrer,
Et de leurs ſens perdre l'entier uſage.
On les faiſoit auſſitôt reporter
Au premier lieu. De tout ce tripotage
Qu'arrivoit-il ? Ils croyoient fermement
Que quelque jour de ſemblables délices
Les attendoient, pourvu que hardiment,
Sans redouter la mort ni les ſupplices,
Ils fiſſent choſe agréable à Mahom,
Servant leur prince en toute occaſion.
Par ce moyen leur prince pouvoit dire
Qu'il avoit gens à ſa dévotion
Déterminés, & qu'il n'étoit empire
Plus redouté que le ſien ici-bas.
Or ai-je été prolixe ſur ce cas,
Pour confirmer l'hiſtoire de Féronde.
Féronde étoit un ſot de par le monde,
Riche manant, ayant ſoin du tracas,
Dixmes, & cens, revenus, & ménage
D'un abbé blanc. J'en ſais de ce plumage

Qui valent bien les noirs à mon avis,
En fait que d'être aux maris fecourables,
Quand forte tâche ils ont en leur logis,
Si qu'il y faut moines & gens capables.
Au lendemain celui-ci ne fongeoit,
Et tout fon fait dès la veille mangeoit,
Sans rien garder, non plus qu'un droit Apôtre;
N'ayant autre œuvre, autre emploi, penfer autre,
Que de chercher où giffoient les bons vins,
Les bons morceaux, & les bonnes commeres,
Sans oublier les gaillardes nonnains,
Dont il faifoit peu de part à fes freres.
Féronde avoit un joli chaperon
Dans fon logis, femme fienne, & dit-on
Que parentelle étoit entre la Dame
Et notre abbé; car fon prédéceffeur
Oncle & parrain, dont Dieu veuille avoir l'ame,
En étoit pere, & la donna pour femme
A ce manant, qui tint à grand honneur
De l'époufer. Chacun fait que de race
Communément fille bâtarde chaffe:
Celle-ci donc ne fit mentir le mot.
Si n'étoit pas l'époux homme fi fot,
Qu'il n'en eût doute, & ne vît en l'affaire

Un peu plus clair qu'il n'étoit néceffaire.
Sa femme alloit toujours chez le prélat ;
Et prétextoit fes allées & venues
Des foins divers de cet économat.
Elle alléguoit mille affaires menues.
C'étoit un compte, ou c'étoit un achat ;
C'étoit un rien ; tant peu plaignoit fa peine.
Bref, il n'étoit nul jour en la femaine,
Nulle heure au jour, qu'on ne vit en ce lieu
La receveufe. Alors le pere en Dieu
Ne manquoit pas d'écarter tout fon monde :
Mais le mari, qui fe doutoit du tour,
Rompoit les chiens, ne manquant au retour
D'impofer mains fur Madame Féronde.
Onc il ne fut un moins commode époux.
Efprits ruraux volontiers font jaloux,
Et fur ce point à chauffer difficiles,
N'étant pas faits aux coutumes des villes.
Monfieur l'abbé trouvoit cela bien dur,
Comme prélat qu'il étoit, partant homme
Fuyant la peine, aimant le plaifir pur,
Ainfi que fait tout bon fuppôt de Rome.
Ce n'eft mon goût, je ne veux de plein faut
Prendre la ville, aimant mieux l'efcalade ;

En amour dà ; non en guerre : il ne faut
Prendre ceci pour guerriere bravade ,
Ni m'enrôler là-deffus malgré moi.
Que l'autre ufage ait la raifon pour foi ,
Je m'en rapporte , & reviens à l'hiftoire
Du receveur qu'on mit en Purgatoire
Pour le guérir , & voici comme quoi.
Par le moyen d'une poudre endormante
L'abbé le plonge en un très-long fommeil.
On le croit mort , on l'enterre , l'on chante :
Il eft furpris de voir à fon réveil
Autour de lui gens d'étrange maniere :
Car il étoit au large dans fa biere ,
Et fe pouvoit lever dans ce tombeau ,
Qui conduifoit en un profond caveau.
D'abord la peur fe faifit de notre homme.
Qu'eft-ce cela ? Songe-t-il ? Eft-il mort?
Seroit-ce point quelque efpece de fort ?
Puis il demande aux gens comme on les nomme ,
Ce qu'ils font-là , d'où vient que dans ce lieu
L'on le retient , & qu'a-t-il fait à Dieu?
L'un d'eux lui dit : Confole-toi , Féronde ,
Tu te verras citoyen du haut monde
Dans mille ans d'hui complets & bien comptés.

Auparavant il faut d'aucuns péchés
Te nettoyer en ce saint Purgatoire.
Ton ame un jour plus blanche que l'yvoire
En sortira. L'ange consolateur
Donne à ces mots au pauvre receveur
Huit ou dix coups de forte discipline,
En lui disant : C'est ton humeur mutine,
Et trop jalouse, & déplaisante à Dieu,
Qui te retient pour mille ans en ce lieu.
Le receveur s'étant frotté l'épaule,
Fait un soupir : Mille ans, c'est bien du tems !
Vous noterez que l'ange étoit un drôle,
Un frere Jean novice de léans.
Ses compagnons jouoient chacun un rôle
Pareil au sien dessous un feint habit.
Le receveur requiert pardon, & dit :
Las ! si jamais je rentre dans la vie,
Jamais soupçon, ombrage & jalousie
Ne rentreront dans mon maudit esprit :
Pourrois-je point obtenir cette grace ?
On la lui fait espérer ; non sitôt :
Force est qu'un an dans ce séjour se passe ;
Là cependant il aura ce qu'il faut
Pour sustenter son corps ; rien davantage ;

Quelque grabat , du pain pour tout potage ;
Vingt coups de fouet chaque jour , fi l'abbé,
Comme prélat rempli de charité,
N'obtient du ciel qu'au moins on lui remette,
Non le total des coups , mais quelque quart,
Voire moitié , voire la plus grand'part.
Douter ne faut qu'il ne s'en entremette,
A ce fujet difant mainte oraifon.
L'ange en après lui fait un long fermon.
A tort , dit-il , tu conçus du foupçon.
Les gens d'Eglife ont-ils de ces penfées ?
Un abbé blanc ! C'eft trop d'ombrage avoir ;
Il n'écherroit que dix coups pour un noir.
Défaits-toi donc de tes erreurs paffées.
Il s'y réfout. Qu'eût-il fait ? Cependant
Sire prélat & Madame Féronde
Ne laiffent perdre un feul petit moment.
Le mari dit : Que fait ma femme au monde ?
Ce qu'elle y fait ? Tout bien : notre prélat
L'a confolée , & ton économat
S'en va fon train, toujours à l'ordinaire.
Dans le couvent toujours a-t-elle affaire ?
Où donc ? Il faut qu'ayant feule à préfent
Le faix entier fur foi, la pauvre femme ,

Bongré malgré léans aille souvent,

Et plus encor que pendant ton vivant.

Un tel discours ne plaisoit point à l'ame.

Ame j'ai cru le devoir appeller,

Ses pourvoyeurs ne le faisant manger

Ainsi qu'un corps. Un mois à cette épreuve

Se passe entier, lui jeûnant, & l'abbé

Multipliant œuvres de charité,

Et mettant peine à consoler la veuve.

Tenez pour sûr qu'il y fit de son mieux.

Son soin ne fut long-tems infructueux :

Pas ne semoit en une terre ingrate.

Pater Abbas, avec juste sujet,

Appréhenda d'être pere en effet.

Comme il n'est bon que telle chose éclate,

Et que le fait ne puisse être nié,

Tant & tant fut par sa paternité

Dit d'oraisons, qu'on vit du Purgatoire

L'ame sortir, légere, & n'ayant pas

Once de chair. Un si merveilleux cas

Surprit les gens. Beaucoup ne vouloient croire

Ce qu'ils voyoient. L'abbé passa pour saint.

L'époux pour sien le fruit posthume tint,

Sans autrement de calcul oser faire.

Double miracle étoit en cette affaire,
Et la groſſeſſe, & le retour du mort.
On en chanta *Te Deum* à renfort.
Stérilité régnoit en mariage
Pendant cet an, & même au voiſinage
De l'abbaye, encor bien que léans
On ſe vouât pour obtenir enfans.
A tant laiſſons l'économe & ſa femme;
Et ne ſoit dit que nous autres époux
Nous méritions ce qu'on fit à cette ame,
Pour la guérir de ſes ſoupçons jaloux.

LE PSEAUTIER.

NONNES, souffrez pour la derniere fois
Qu'en ce recueil malgré moi je vous place.
De vos bons tours les contes ne sont froids.
Leur aventure a ne sais quelle grace
Qui n'est ailleurs : ils emportent les voix.
Encore un donc, & puis c'en seront trois.
Trois? Je faux d'un; c'en seront au moins quatre.
Comptons-les bien. Mazet le compagnon;
L'abbesse ayant besoin d'un bon garçon
Pour la guérir d'un mal opiniâtre;
Ce conte-ci qui n'est le moins fripon;
Quant à sœur Jeanne ayant fait un poupon,

Je ne tiens pas qu'il le faille rabattre.
Les voila tous : quatre c'eſt compte rond.
Vous me direz ; c'eſt une étrange affaire,
Que nous ayons tant de part en ceci.
Que voulez-vous ? Je n'y ſaurois que faire,
Ce n'eſt pas moi qui le ſouhaite ainſi.
Si vous teniez toujours vôtre bréviaire,
Vous n'auriez rien à démêler ici.
Mais ce n'eſt pas votre plus grand ſouci.
Paſſons donc vîte à la préſente hiſtoire.

Dans un couvent de nonnes fréquentoit
Un jouvenceau friand, comme on peut croire,
De ces oiſeaux. Telle pourtant prenoit
Goût à le voir, & des yeux le couvoit,
Lui ſourioit, faiſoit la complaiſante,
Et ſe diſoit ſa très-humble ſervante,
Qui pour cela d'un ſeul point n'avançoit.
Le conte dit que léans il n'étoit
Vieille ni jeune, à qui le perſonnage
Ne fît ſonger quelque choſe à part ſoi.
Soupirs trottoient ; bien voyoit le pourquoi,
Sans qu'il s'en mît en peine davantage.
Sœur Iſabeau ſeule pour ſon uſage
Eut le galant : elle le méritoit,
Douce d'humeur, gentille de corſage ;
Et n'en étant qu'à ſon apprentiſſage,

Belle de plus. Ainſi l'on l'envioit
Pour deux raiſons, ſon amant, & ſes charmes.
Dans ſes amours chacune l'épioit ;
Nul bien ſans mal, nul plaiſir ſans alarmes :
Tant & ſi bien l'épierent les ſœurs,
Qu'une nuit ſombre & propre à ces douceurs
Dont on confie aux ombres le myſtere,
En ſa cellule on ouit certains mots,
Certaine voix, enfin certains propos
Qui n'étoient pas ſans doute en ſon bréviaire.
C'eſt le galant, ce dit-on, il eſt pris.
Et de courir, l'alarme eſt aux eſprits ;
L'eſſaim frémit, ſentinelle ſe poſe.
On va conter en triomphe la choſe
A mere abbeſſe, & heurtant à grands coups,
On lui cria : Madame, levez-vous :
Sœur Iſabelle a dans ſa chambre un homme.
Vous noterez que Madame n'étoit
En oraiſon, ni ne prenoit ſon ſomme :
Trop bien alors dans ſon lit elle avoit
Meſſire Jean, curé du voiſinage.
Pour ne donner aux ſœurs aucun ombrage,
Elle ſe leve, en hâte, étourdiment,
Cherche ſon voile, & malheureuſement
Deſſous ſa main tombe du perſonnage
Le haut de chauſſe aſſez bien reſſemblant,
Pendant la nuit quand on n'eſt éclairée,

A certain voile aux nonnes familier ,
Nommé pour lors entr'elles le pſeautier.
La voilà donc des gregues affublée.
Ayant ſur ſoi ce nouveau couvre-chef,
Et s'étant fait raconter derechef
Tout le catus, elle dit irritée :
Voyez un peu la petite effrontée ,
Fille du diable , & qui nous gâtera
Notre Couvent : ſi Dieu plaît , ne fera :
S'il plaît à Dieu bon ordre s'y mettra :
Vous la verrez tantôt bien chapitrée.
Chapitre donc , puiſque chapitre y a ,
Fut aſſemblé. Mere abbeſſe entourée
De ſon ſénat , fait venir Iſabeau ,
Qui s'arroſoit de pleurs tout le viſage ,
Se ſouvenant qu'un maudit jouvenceau
Venoit d'en faire un différent uſage.
Quoi , dit l'abbeſſe , un homme dans ce lieu !
Un tel ſcandale en la maiſon de Dieu !
N'êtes-vous point morte de honte encore ?
Qui nous a fait recevoir parmi nous
Cette voirie ? Iſabeau , ſavez-vous
(Car deſormais qu'ici l'on vous honore
Du nom de ſœur , ne le prétendez pas)
Savez-vous , dis-je , à quoi dans un tel cas
Notre inſtitut condamne une méchante ?
Vous l'apprendrez devant qu'il ſoit demain.

Parlez , parlez. Lors la pauvre nonnain ,
Qui jusques-là confuse & répentante
N'ofoit branler , & la vue abaiffoit ,
Leve les yeux ; par bonheur apperçoit
Le haut-de-chauffe , à quoi toute la bande ,
Par un effet d'émotion trop grande ,
N'avoit pris garde , ainfi qu'on voit fouvent.
Ce fut hazard qu'Ifabelle à l'inftant
S'en apperçut. Auffitôt la pauvrette
Reprend courage ; & dit tout doucement :
Votre pfeautier a ne fais quoi qui pend ;
Raccommodez-le. Or c'étoit l'éguillette :
Affez fouvent pour bouton l'on s'en fert.
D'ailleurs ce voile avoit beaucoup de l'air
D'un haut-de-chauffe : & la jeune nonnette
Ayant l'idée encor fraîche des deux ,
Ne s'y méprit. Non pas que le Meffire
Eût chauffe faite ainfi qu'un amoureux ,
Mais à-peu-près ; cela devoit fuffire.
L'abbeffe dit : Elle ofe encore rire !
Quelle infolence ! Un péché fi honteux
Ne la rend pas plus humble & plus foumife !
Veut-elle point que l'on la canonife ?
Laiffez mon voile , efprit de lucifer :
Songez , fongez , petit tifon d'enfer ,
Comme on pourra racommoder votre ame.
Pas ne finit mere abbeffe fa gamme ,

Sans fermoner & tempêter beaucoup.
Sœur Ifabeau lui dit encore un coup:
Raccommodez votre pfeautier, Madame.
Tout le troupeau fe met à regarder.
Jeunes de rire, & vieilles de gronder:
La voix manquant à notre fermoneufe,
Qui de fon troc bien fâchée & honteufe,
N'eut pas le mot à dire en ce moment;
L'effaim fit voir par fon bourdonnement,
Combien rouloient de diverfes penfées
Dans les efprits. Enfin l'abbeffe dit:
Devant qu'on eût tant de voix ramaffées,
Il feroit tard. Que chacune en fon lit
S'aille remettre. A demain toute chofe.
Le lendemain ne fut tenu, pour caufe,
Aucun chapitre; & le jour enfuivant
Tout auffi peu. Les fages du couvent
Furent d'avis que l'on fe devoit taire;
Car trop d'éclat eût pu nuire au troupeau.
On n'en vouloit à la pauvre Ifabeau,
Que par envie. Ainfi n'ayant pu faire,
Qu'elle lâchât aux autres le morceau,
Chaque nonnain, faute de jouvenceau,
Songe à pourvoir d'ailleurs à fon affaire.
Les vieux amis reviennent de plus beau.
Par préciput à notre belle on laiffe
Le jeune fils, le pafteur à l'abbeffe;
Et l'union alla jufques au point,
Qu'on en prêtoit à qui n'en avoit point.

LE ROI CANDAULE,

ET

LE MAITRE EN DROIT.

FORCE gens ont été l'instrument de leur mal :
　　Candaule en est un témoignage.
Ce Roi fut en sottise un très-grand personnage,
　　Il fit pour Gygès son vassal
Une galanterie imprudente & peu sage.
Vous voyez, lui dit-il, le visage charmant,
Et les traits délicats dont la Reine est pourvue :

Je vous jure ma foi que l'accompagnement
Eſt d'un tout autre prix, & paſſe infiniment;
  Ce n'eſt rien à qui ne l'a vue
    Toute nue.
Je vous la veux montrer, ſans qu'elle en ſache rien:
  Car j'en ſais un très-bon moyen :
Mais à condition; vous m'entendez fort bien,
  Sans que j'en diſe davantage ;
  Gygès, il vous faut être ſage,
  Point de ridicule deſir
  Je ne prendrois pas de plaiſir
Aux vœux impertinens, qu'une amour ſotte & vaine
  Vous feroit faire pour la Reine.
Propoſez-vous de voir tout ce corps ſi charmant,
  Comme un beau marbre ſeulement.
Je veux que vous diſiez que l'art, que la penſée,
Que même le ſouhait ne peut aller plus loin.
  Dedans le bain je l'ai laiſſée :
Vous êtes connoiſſeur, venez être témoin
  De ma félicité ſuprême.
Ils vont. Gygès admire. Admirer, c'eſt trop peu;
  Son étonnement eſt extrême.
  Ce doux objet joua ſon jeu :
Gygès en fut ému, quelque effort qu'il pût faire.
  Il auroit voulu ſe taire,
Et ne point témoigner ce qu'il avoit ſenti :
Mais ſon ſilence eût fait ſoupçonner du myſtere :
      L'exagération

L'exagération fut le meilleur parti.
     Il s'en tint donc pour averti ;
Et fans faire le fin, le froid, ni le modefte,
Chaque point, chaque article, eut fon fait, fut loué.
Dieux ! difoit-il au Roi, quelle félicité !
Le beau corps ! le beau cuir ! O ciel ! & tout le refte !
          De ce gaillard entretien
          La Reine n'entendit rien ;
          Elle l'eût pris pour outrage :
          Car en ce fiecle ignorant
          Le beau fexe étoit fauvage ,
          Il ne l'eft plus maintenant ,
          Et des louanges pareilles
          De nos Dames d'à-préfent
          N'écorchent point les oreilles.
Notre examinateur foupiroit dans fa peau.
L'émotion croiffoit , tant tout lui fembloit beau.
Le Prince s'en doutant , l'emmena ; mais fon ame
          Emporta cent traits de flamme.
          Chaque endroit lança le fien.
          Hélas ! fuir n'y fert de rien :
          Tourmens d'amour font fi bien
          Qu'ils font toujours de la fuite.
Près du prince , Gygès eut affez de conduite :
Mais de fa paffion la Reine s'apperçut :
          Elle fut
L'origine du mal : le Roi prétendant rire ,

Tome II.   Q

S'avifa de lui tout dire.
Ignorant ! favoit-il point
Qu'une Reine fur ce point
N'ofe entendre raillerie ?
Et fuppofé qu'en fon cœur
Cela lui plaife, elle rie.
Il lui faut pour fon honneur
Contrefaire la furie.
Celle-ci le fut vraiment,
Et réferva dans foi-même,
De quelque vengeance extrême
Le defir très-véhément.
Je voudrois pour un moment,
Lecteur, que tu fuffes femme :
Tu ne faurois autrement
Concevoir, jufqu'où la Dame
Porta fon fecret dépit.
Un mortel eut le crédit
De voir de fi belles chofes,
A tous mortels lettres clofes !
Tels dons étoient pour des dieux,
Pour des Rois, voulois-je dire,
L'un & l'autre y vient de cire ;
Je ne fais quel eft le mieux.
Ces penfers incitoient la Reine à la vengeance.
Honte, dépit, courroux, fon cœur employa tout.
Amour même, dit-on, fut de l'intelligence :

De quoi ne vient-il point à bout ?
Gygès étoit bien fait ; on l'excufa fans peine :
Sur le montreur d'appas tomba toute la haine.
   Il étoit mari ; c'eft fon mal ;
   Et les gens de ce caractere
   Ne fauroient en aucune affaire
Commettre de péché qui ne foit capital.
Qu'eft-il befoin d'ufer d'un plus ample prologue ?
Voilà le Roi haï, voilà Gygès aimé,
   Voilà tout fait & tout formé
   Un époux du grand catalogue :
Dignité peu briguée & qui fleurit pourtant.
La fottife du Prince étoit d'un tel mérite,
Qu'il fut fait *in petto* confrere de Vulcan ;
De-là jufqu'au bonnet la diftance eft petite.
Cela n'étoit que bien ; mais la parque maudite
Fut auffi de l'intrigue ; & fans perdre de tems,
   Le pauvre Roi par nos amans
   Fut député vers le Cocite.
   On le fit trop boire d'un coup :
   Quelquefois, hélas ! c'eft beaucoup.
    Bientôt un certain breuvage
    Lui fit voir le noir rivage,
    Tandis qu'aux yeux de Gygès
    S'étaloient de blancs objets :
    Car fût-ce amour, fût-ce rage,
    Bientôt la Reine le mit

Sur le trône & dans son lit.

Mon dessein n'étoit pas d'étendre cette histoire :
On la savoit assez ; mais je me sais bon gré ;
 Car l'exemple a très-bien quadré :
Mon texte y va tout droit : même j'ai peine à croire
Que le docteur en loix dont je vais discourir,
Puisse mieux que Candaule à mon but concourir.
Rome pour ce coup-ci me fournira la scene :
Rome, non celle-là que les mœurs du vieux tems
Rendoient triste, févere, incommode aux galants,
 Et de sottes femelles pleine ;
Mais Rome d'aujourd'hui, séjour charmant &
   beau,
 Où l'on suit un train plus nouveau.
 Le plaisir est la seule affaire
 Dont se piquent ses habitans.
 Qui n'auroit que vingt ou trente ans,
 Ce seroit un voyage à faire.
Rome donc eut naguere un maître dans cet art
Qui du tien & du mien tire son origine ;
Homme qui hors de là faisoit le goguenard ;
 Tout passoit par son étamine :
 Aux dépens du tiers & du quart
Il se divertissoit. Advint que le légiste,
Parmi ses écoliers, dont il avoit toujours
  Longue liste,

Eut un François moins propre à faire en droit un
cours
Qu'en amours.
Le docteur un beau jour le voyant sombre & triste,
Lui dit : Notre féal, vous voilà de relais ;
Car vous avez la mine, étant hors de l'école,
De ne lire jamais
Bartole.
Que ne vous pouffez-vous ? Un François être ainfi
Sans intrigue & fans amourettes !
Vous avez des talens, nous avons des coquettes,
Non pas pour une, Dieu merci.
L'étudiant reprit : Je fuis nouveau dans Rome :
Et puis, hors les beautés qui font plaifir aux gens
Pour la fomme,
Je ne vois pas que les galants
Trouvent ici beaucoup à faire.
Toute maifon eft monaftere :
Double porte, verroux, une matrone auftere ;
Un mari, des Argus. Qu'irai-je, à votre avis,
Chercher en de pareils logis ?
Prendre la lune aux dents, feroit moins difficile.
Ha, ha, la lune aux dents, repartit le docteur,
Vous nous faites beaucoup d'honneur.
J'ai pitié de gens neufs comme vous ; notre ville
Ne vous eft pas connue, autant que je puis voir.
Vous croyez donc qu'il faille avoir

Beaucoup de peine à Rome en fait que d'aventures ?
Sachez que nous avons ici des créatures,
  Qui feront leurs maris cocus
  Sur la mouftache des Argus.
  La chofe eft chez nous très-commune :
Témoignez feulement que vous cherchez fortune.
Placez-vous dans l'églife auprès du bénitier.
Préfentez fur le doigt aux Dames l'eau facrée :
  C'eft d'amourettes les prier.
Si l'air du fuppliant à quelque Dame agrée,
  Celle-là fachant fon métier ,
  Vous envoiera faire un meffage.
Vous ferez déterré , logeaffiez-vous en lieu
  Qui ne fût connu que de Dieu.
Une vieille viendra , qui , faite au badinage ,
Vous faura ménager un fecret entretien :
  Ne vous embarraffez de rien.
De rien ? C'eft un peu trop ; j'excepte quelque
   chofe :
Il eft bon de vous dire en paffant , notre ami ,
Qu'à Rome il faut agir en galant & demi.
En France on peut conter des fleurettes, l'on caufe :
Ici tous les momens font chers & précieux.
Romaines vont au but. L'autre reprit : Tant mieux.
  Sans être Gafcon, je puis dire
  Que je fuis un merveilleux fire.
  Peut-être ne l'étoit-il point ;

Tout homme eſt Gaſcon ſur ce point.
Les avis du docteur furen⸗ bons. Le jeune homme
Se campe en une Egliſe, où venoit tous les jours
    La fleur & l'élite de Rome.
Des Graces, des Vénus, avec un grand concours
    D'Amours.
C'eſt-à-dire en chrétien, beaucoup d'anges femelles.
Sous leur voile brilloient des yeux pleins d'étin-
    celles.
Bénitier, le lieu ſaint n'étoit pas ſans cela.
Notre homme en choiſit un, chanceux pour ce
    point-là ;
A chaque objet qui paſſe adoucit ſes prunelles :
Révérences, le drôle en faiſoit des plus belles,
    Des plus dévotes : cependant
Il offroit l'eau luſtrale. Un ange entre les autres
En prit de bonne grace. Alors l'étudiant
    Dit en ſon cœur : elle eſt des nôtres.
Il retourne au logis ; vieille vient ; rendez-vous.
D'en conter le détail, vous vous en doutez tous.
    Il s'y fit nombre de folies.
    La Dame étoit des plus jolies,
    Le paſſe-tems fut des plus doux.
Il le conte au docteur. Diſcrétion Françoiſe
Eſt choſe outre nature, & d'un trop grand effort.
    Diſſimuler un tel tranſport,
    Cela ſent ſon humeur bourgeoiſe.

Du fruit de ſes conſeils le docteur s'applaudit,
Rit en juriſconſulte, & des maris ſe raille.
     Pauvres gens, qui n'ont pas l'eſprit
     De garder du loup leur ouaille!
Un berger en a cent ; des hommes ne ſauront
     Garder la ſeule qu'ils auront!
Bien lui ſembloit ce ſoin choſe un peu mal-aiſée;
Mais non pas impoſſible ; & ſans qu'il eût cent yeux
     Il défioit, graces aux cieux,
     Sa femme, encor que très-ruſée.
     A ce diſcours, ami lecteur,
Vous ne croiriez jamais, ſans avoir quelque honte,
     Que l'héroïne de ce conte
     Fût propre femme du docteur.
Elle l'étoit pourtant. Le pis eſt que mon homme
En s'informant de tout, & des ſi, & des cas,
Et comme elle étoit faite, & quels ſecrets appas,
     Vit que c'étoit ſa femme en ſomme.
Un ſeul point l'arrêtoit : c'étoit certain talent
Qu'avoit en ſa moitié trouvé l'étudiant,
Et que pour le mari n'avoit pas la Donzelle.
     A ce ſigne ce n'eſt pas elle,
     Diſoit en ſoi le pauvre époux ;
     Mais les autres points y ſont tous ;
C'eſt elle. Mais ma femme au logis eſt rêveuſe,
     Et celle-ci paroît cauſeuſe,
     Et d'un agréable entretien ;
                              Aſſurément

Affurément ç'en eft une autre.
Mais du refte il n'y manque rien,
Taille, vifage, traits, même poil; c'est la nôtre.
Après avoir bien dit tout bas,
Ce l'eft, & puis ce ne l'eft pas,
Force fut qu'au premier en demeurât le fire.
Je laiffe à penfer fon courroux,
Sa fureur, afin de mieux dire.
Vous vous êtes donnés un fecond rendez-vous ?
Pourfuivit-il. Oui, reprit notre apôtre;
Elle & moi n'avons eu garde de l'oublier,
Nous trouvant trop bien du premier,
Pour n'en pas ménager un autre;
Très-réfolus tous deux de ne nous rien devoir.
La réfolution, dit le docteur, eft belle;
Je faurois volontiers quelle eft cette Donzelle.
L'écolier repartit : Je ne l'ai pu favoir.
Mais qu'importe ? Il fuffit que je fois content d'elle.
Dès-à-préfent je vous réponds
Que l'époux de la Dame a toutes fes façons;
Si quelqu'une manquoit, nous la lui donnerons
Demain en tel endroit, à telle heure, fans faute.
On doit m'attendre entre deux draps,
Champ de bataille propre à de pareils combats.
Le rendez-vous n'eft point dans une chambre haute;
Le logis eft propre & paré.
On m'a fait à l'abord traverfer un paffage,

Tome II. R

Où jamais le jour n'est entré ;
Mais aussitôt après la vieille du message
M'a conduit en des lieux, où loge en bonne foi
    Tout ce qu'amour a de délices ;
    On peut s'en rapporter à moi.
A ce discours jugez quels étoient les supplices
Qu'enduroit le docteur. Il forme le dessein
    De s'en aller le lendemain
Au lieu de l'écolier, & sous ce personnage
Convaincre sa moitié, lui faire un vasselage
    Dont il fût à jamais parlé.
    N'en déplaise au nouveau confrere,
    Il n'étoit pas bien conseillé :
    Mieux valoit pour le coup se taire :
    Sauf d'apporter en tems & lieu
    Remede au cas, moyennant Dieu.
Quand les épouses font un récipiendaire
    Au benoît état de cocu,
S'il en peut sortir franc, c'est à lui beaucoup faire ;
    Mais quand il est déjà reçu,
Une façon de plus ne fait rien à l'affaire.
Le docteur raisonna d'autre sorte, & fit tant
Qu'il ne fit rien qui vaille. Il crut qu'en prévenant
    Son parrain en cocuage,
    Il feroit tour d'homme sage ;
    Son parrain, cela s'entend,
    Pourvu que sous ce galant

Il eût fait apprentiſſage;
Choſe dont à bon droit le lecteur doit douter.
Quoi qu'il en ſoit, l'époux ne manqua pas d'aller
      Au logis de l'aventure,
      Croyant que l'allée obſcure,
Son ſilence & le ſoin de ſe cacher le nez,
Sans qu'il fût reconnu, le feroient introduire
      En ces lieux ſi fortunés :
Mais par malheur la vieille avoit pour ſe conduire
Une lanterne ſourde, & plus fine cent fois
      Que le plus fin docteur en loix.
Elle reconnut l'homme, & ſans être ſurpriſe,
      Elle lui dit : attendez-là ;
      Je vais trouver Madame Eliſe,
      Il la faut avertir ; je n'oſe ſans cela
Vous mener dans ſa chambre : & puis vous devez
      être
      En autre habit pour l'aller voir :
C'eſt-à-dire en un mot qu'il n'en faut point avoir.
Madame attend au lit. A ces mots notre maître,
Pouſſé dans quelque bouge, y voit d'abord paroître
Tout un déshabillé ; des mules, un peignoir,
Bonnet, robe de chambre, avec chemiſe d'homme ;
Parfums ſur la toilette, & des meilleurs de Rome :
Le tout propre, arrangé, de même qu'on eût fait
Si l'on eût attendu le cardinal préfet.
Le docteur ſe dépouille, & cette gouvernante

R 2

Revient, & par la main le conduit en des lieux,
Où notre homme, privé de l'ufage des yeux,
Va d'une façon chancelante.
Après ces détours ténébreux,
La vieille ouvre une porte, & vous pouffe le fire
En un fort mal plaifant endroit,
Quoique ce fût fon propre empire ;
C'étoit en l'école de droit.
En l'école de droit ! Là même, le pauvre homme
Honteux, furpris, confus, non fans quelque raifon,
Penfa tomber en pâmoifon.
Le conte en courut par tout Rome.
Les écoliers alors attendoient leur régent ;
Cela feul acheva fa mauvaife fortune.
Grand éclat de rifée, & grand chuchillement,
Univerfel étonnement.
Eft-il fou ? Qu'eft-ce là ? Vient-il de voir quel-
qu'une ?
Ce ne fut pas le tout : fa femme fe plaignit.
Procès. La parenté fe joint en caufe, & dit,
Que du docteur venoit tout le mauvais ménage ;
Que cet homme étoit fou, que fa femme étoit fage.
On fit caffer le mariage,
Et puis la Dame fe rendit
Belle & bonne religieufe
A faint Croiffant en Vavoureufe :
Un prélat lui donna l'habit.

LE DIABLE

EN ENFER.

Qui craint d'aimer, a tort, selon mon sens,
S'il ne fuit pas dès qu'il voit une belle.
Je vous connois, objets doux & puissans,
Plus ne m'irai brûler à la chandelle.
Une vertu sort de vous, ne sais quelle,
Qui dans le cœur s'introduit par les yeux.
Ce qu'elle y fait, besoin n'est de le dire;
On meurt d'amour, on languit, on soupire:

R 3

Pas ne tiendroit aux gens qu'on ne fît mieux.
A tels périls ne faut qu'on s'abandonne.
J'en vais donner pour preuve une perfonne,
Dont la beauté fit trébucher Ruftic.
Il en avint un fort plaifant trafic :
Plaifant fut-il, au péché près, fans faute ;
Car pour ce point, je l'excepte & je l'ôte,
Et ne fuis pas du goût de celle-là,
Qui buvant frais (ce fut, je penfe, à Rome)
Difoit, que n'eft-ce un péché que cela.
Je la condamne ; & veux prouver en fomme
Qu'il fait bon craindre encor que l'on foit faint.
Rien n'eft plus vrai. Si Ruftic avoit craint,
Il n'auroit pas retenu cette fille,
Qui jeune & fimple, & pourtant très-gentille,
Jufques au vif vous l'eût bientôt atteint.
Alibech fut fon nom, fi j'ai mémoire ;
Fille un peu neuve, à ce que dit l'hiftoire.
Lifant un jour, comme quoi certains faints,
Pour mieux vaquer à leurs pieux deffeins,
Se féqueftroient, vivoient comme des anges,
Qui çà, qui là, portant toujours leurs pas
En lieux cachés ; chofes, qui bien qu'étranges,
Pour Alibech avoient quelques appas.

Mon Dieu, dit-elle, il me prend une envie
D'aller mener une semblable vie.
Alibech donc s'en va, sans dire adieu.
Mere, ni sœur, nourrice, ni compagne
N'est avertie. Alibech en campagne
Marche toujours, n'arrête en pas un lieu.
Tant court enfin, qu'elle entre en un bois sombre :
Et dans ce bois elle trouve un vieillard,
Homme possible autrefois plus gaillard ;
Mais n'étant lors qu'un squelette & qu'une ombre.
Pere, dit-elle, un mouvement m'a pris ;
C'est d'être sainte, & mériter pour prix
Qu'on me révere, & qu'on chomme ma fête.
O quel plaisir j'aurois, si tous les ans,
La palme en main, les rayons sur la tête,
Je recevois des fleurs & des préfens !
Votre métier est-il si difficile ?
Je sais déja jeûner plus d'à demi.
Abandonnez ce penser inutile,
Dit le vieillard ; je vous parle en ami.
La sainteté n'est chose si commune,
Que le jeûner suffise pour l'avoir.
Dieu gard de mal fille & femme qui jeûne,
Sans pour cela guere mieux en valoir :

R 4

Il faut encor pratiquer d'autres chofes,
D'autres vertus, qui me font lettres clofes,
Et qu'un hermite, habitant de ces bois,
Vous apprendra mieux que moi mille fois.
Allez le voir ; ne tardez davantage :
Je ne retiens tels oifeaux dans ma cage.
Difant ces mots le vieillard la quitta,
Ferma fa porte, & fe barricada.
Très-fage fut d'agir ainfi fans doute,
Ne fe fiant à vieilleffe, ni goute,
Jeûne, ni haire, enfin à rien qui foit.
Non loin de là notre fainte apperçoit
Celui de qui ce bon vieillard parloit,
Homme ayant l'ame en Dieu toute occupée,
Et fe faifant tout blanc de fon épée :
C'étoit Ruftic, jeune faint très-fervent ;
Ces jeunes-là s'y trompent bien fouvent.
En peu de mots l'appétit d'être fainte
Lui fut d'abord par la belle expliqué ;
Appétit tel, qu'Alibech avoit crainte
Que quelque jour fon fruit n'en fût marqué.
Ruftic fourit d'une telle innocence.
Je n'ai, dit-il, que peu de connoiffance
En ce métier ; mais ce peu-là que j'ai

Bien volontiers vous sera partagé :
Nous vous rendrons la chose familiere.
Maître Rustic eût dû donner congé
Tout dès l'abord à semblable écoliere.
Il ne le fit : en voici les effets.
Comme il vouloit être des plus parfaits,
Il dit en soi : Rustic que sais-tu faire ?
Veiller, prier, jeûner, porter la haire :
Qu'est-ce cela ? Moins que rien ; tous le font :
Mais d'être seul auprès de quelque belle,
Sans la toucher ; il n'est victoire telle,
Triomphes grands chez les anges en font :
Méritons-les ; retenons cette fille :
Si je résiste à chose si gentille,
J'atteins le comble, & me tire du pair.
Il la retint ; & fut si téméraire,
Qu'outre satan il défia la chair,
Deux ennemis toujours prêts à mal faire.
Or sont nos saints logés sous même toit.
Rustic apprête en un petit endroit
Un petit lit de jonc pour la novice ;
Car de coucher sur la dure d'abord,
Quelle apparence ? Elle n'étoit encor
Accoutumée à si rude exercice.

Quant au souper, elle eut pour tout service
Un peu de fruit, du pain non pas trop beau.
Faites état que la magnificence
De ce repas ne consista qu'en l'eau
Claire, d'argent, belle par excellence.
Rustic jeûna : la fille eut appétit.
Couchés à part, Alibech s'endormit :
L'hermite non. Une certaine bête,
Diable nommée, un vrai serpent maudit,
N'eut point de paix qu'il ne fût de la fête.
On l'y reçoit. Rustic roule en sa tête
Tantôt les traits de la jeune beauté,
Tantôt sa grace & sa naïveté,
Et ses façons, & sa maniere douce,
L'âge, la taille, & sur-tout l'embonpoint,
Et certain sein ne se reposant point,
Allant, venant, sein qui pousse & repousse
Certain corset, en dépit d'Alibech,
Qui tâche en vain de lui clorre le bec ;
Car toujours parle : il va, vient, & respire :
C'est son patois ; Dieu sait ce qu'il veut dire.
Le pauvre hermite ému de passion
Fit de ce point sa méditation.
Adieu la haire, adieu la discipline ;

Et puis voilà de ma dévotion ;
Voilà mes faints. Celui-ci s'achemine
Vers Alibech, & l'éveille en furfaut.
Ce n'eft bien fait que de dormir fitôt,
Dit le frater : il faut au préalable
Qu'on faffe une œuvre à Dieu fort agréable,
Emprifonnant en enfer le malin,
Créé ne fut pour aucune autre fin.
Procédons-y. Tout à l'heure il fe gliffe
Dedans le lit. Alibech fans malice,
N'entendoit rien à ce myftere-là,
Et ne fachant ni ceci, ni cela,
Moitié forcée & moitié confentante,
Moitié voulant combattre ce defir,
Moitié n'ofant, moitié peine & plaifir,
Elle crut faire acte de repentance ;
Bien humblement rendit grace au frater ;
Sut ce que c'eft que le diable en enfer.
Déformais faut qu'Alibech fe contente
D'être martyre, en cas que fainte foit :
Frere Ruftic peu de vierges faifoit.
Cette leçon ne fut la plus aifée ;
Dont Alibech, non encor déniaifée,
Dit : Il faut bien que le diable en effet

Soit une chofe étrange & bien mauvaife :
Il brife tout. Voyez le mal qu'il fait
A fa prifon, non pas qu'il m'en déplaife ;
Mais il mérite, en bonne vérité,
D'y retourner. Soit fait, ce dit le frere.
Tant s'appliqua Ruftic à ce myftere,
Tant prit de foin, tant eut de charité,
Qu'enfin l'enfer s'accoutumant au diable,
Eût eu toujours fa préfence agréable,
Si l'autre eût pu toujours en faire effai.
Sur quoi la belle : On dit encor bien vrai
Qu'il n'eft prifon fi douce, que fon hôte
En peu de tems ne s'y laffe fans faute.
Bientôt nos gens ont noife fur ce point.
En vain l'enfer fon prifonnier rappelle ;
Le diable eft fourd, le diable n'entend point.
L'enfer s'ennuye, autant en fait la belle :
Ce grand defir d'être fainte s'en va.
Ruftic voudroit être dépêtré d'elle.
Elle pourvoit d'elle-même à cela.
Furtivement elle quitte le fire ;
Par le plus court s'en retourne chez foi.
Je fuis en foin de ce qu'elle pût dire
A fes parens ; c'eft ce qu'en bonne foi

Jusqu'à préfent je n'ai bien fu comprendre.
Apparemment elle leur fit entendre
Que fon cœur mû d'un appétit d'enfant
L'avoit portée à tâcher d'être fainte.
Ou l'on la crut, ou l'on en fit femblant.
Sa parenté prit pour argent comptant
Un tel motif ; non que de quelque atteinte
A fon enfer on n'eût quelque foupçon ;
Mais cette chartre * eft faite de façon
Qu'on n'y voit goutte ; & maint geolier s'y trompe.
Alibech fut feftinée en grand'pompe.
L'hiftoire dit, que par fimplicité
Elle conta la chofe à fes compagnes.
Befoin n'étoit que votre fainteté,
Ce lui dit-on, traverfât ces campagnes :
On vous auroit, fans bouger du logis,
Même leçon, même fecret appris.
Je vous aurois, dit l'une, offert mon frere ;
Vous auriez eu, dit l'autre, mon coufin ;
Et Neherbal, notre proche voifin,
N'eft pas non plus novice en ce myftere :

---

* *Prifon.*

Il vous recherche ; acceptez ce parti,
Devant qu'on foit d'un tel cas averti.
Elle le fit. Neherbal n'étoit homme
A cela près. On donna telle fomme
Qu'avec les traits de la jeune Alibech,
Il prit pour bon un enfer très-fufpeɕt,
Ufant des biens que l'hymen nous envoie.
A tous époux Dieu doint pareille joie !

LA JUMENT
DU COMPERE PIERRE.

Messire Jean (c'étoit certain curé
Qui prêchoit peu, sinon sur la vendange)
Sur ce sujet, sans être préparé,
Il triomphoit; vous eussiez dit un ange.
Encore un point étoit touché de lui,
Non si souvent qu'eût voulu le Messire;
Et ce point-là : les enfans d'aujourd'hui
Savent que c'est ; besoin n'ai de le dire.
Messire Jean, tel que je le décris,

Faisoit si bien que femmes & maris
Le recherchoient, estimoient sa science :
Au demeurant il n'étoit conscience
Un peu jolie, & bonne à diriger,
Qu'il ne voulût lui-même interroger :
Ne s'en fiant aux soins de son vicaire :
Messire Jean auroit voulu tout faire ;
S'entremettoit en zélé directeur,
Alloit par-tout, disant qu'un bon pasteur
Ne peut trop bien ses ouailles connoître,
Dont par lui-même instruit en vouloit être.
Parmi les gens de lui les mieux venus,
Il fréquentoit chez le compere Pierre,
Bon villageois, à qui pour toute terre,
Pour tout domaine & pour tous revenus,
Dieu ne donna que ses deux bras tout nuds,
Et son louchet ; dont pour toute ustencile,
Pierre faisoit subsister sa famille.
Il avoit femme & belle & jeune encor,
Ferme sur-tout : le hâle avoit fait tort
A son visage, & non à sa personne.
Nous autres gens peut-être aurions voulu
Du délicat ; ce rustic ne m'eût plu :
Pour des curés la pâte en étoit bonne,
Et convenoit à semblables amours.
Messire Jean la regardoit toujours
Du coin de l'œil, toujours tournoit la tête

De

De son côté, comme un chien qui fait fête
Aux os qu'il voit n'être pas trop chétifs ;
Que s'il en voit un de belle apparence,
Non décharné, plein encore de substance,
Il tient dessus ses regards attentifs :
Il s'inquiete, il trépigne, il remue
Oreille & queue, il a toujours la vue
Dessus cet os, & le ronge des yeux
Vingt fois devant que son palais s'en sente.
Messire Jean tout ainsi se tourmente
A cet objet pour lui délicieux.
La villageoise étoit fort innocente,
Et n'entendoit aux façons du pasteur
Mystere aucun ; ni son regard flatteur,
Ni ses présens ne touchoient Madelaine :
Bouquet de thym, & pots de marjolaine
Tomboient à terre : avoir cent menus soins,
C'étoit parler Bas-Breton tout au moins.
Il s'avisa d'un plaisant stratagême.
Pierre étoit lourd, sans esprit : je crois bien
Qu'il ne se fût précipité lui-même ;
Mais par de-là de lui demander rien,
C'étoit abus & très-grande sottise.
L'autre lui dit : Compere mon ami,
Te voilà pauvre, & n'ayant à demi
Ce qu'il te faut ; si je t'apprens la guise
Et le moyen d'être un jour plus content

Qu'un petit Roi, sans te tourmenter tant,
Que me veux-tu donner pour mes étrennes?
Pierre répond: Parbieu: Messire Jean,
Je suis à vous, disposez de mes peines;
Car vous savez que c'est tout mon vaillant.
Notre cochon ne nous faudra pourtant:
Il a mangé plus de son, par mon ame,
Qu'il n'en tiendroit trois fois dans ce tonneau;
Et d'abondant la vache à notre femme
Nous a promis qu'elle feroit un veau;
Prenez le tout. Je ne veux nul salaire,
Dit le pasteur; obliger mon compere
Ce m'est assez: je te dirai comment.
Mon dessein est de rendre Madelaine
Jument le jour, par art d'enchantement,
Lui redonnant sur le soir forme humaine.
Très-grand profit pourra certainement
T'en revenir; car ton âne est si lent,
Que du marché l'heure est presque passée
Quand il arrive: ainsi tu ne vends pas,
Comme tu veux, tes herbes, ta denrée,
Tes choux, tes aulx, enfin tout ton tracas.
Ta femme étant jument forte & membrue,
Ira plus vîte; & sitôt que chez toi
Elle sera du marché revenue,
Sans pain ni soupe, un peu d'herbe menue
Lui suffira. Pierre dit: sur ma foi,

Messire Jean, vous êtes un sage homme;
Voyez que c'est d'avoir étudié !
Vend-on cela ? Si j'avois grosse somme,
Je vous l'aurois, parbieu, bientôt payé.
Jean poursuivit : Or çà je t'apprendrai
Les mots, la guise & toute la maniere,
Par où jument bien faite & pouliniere
Auras de jour, belle femme de nuit :
Corps, tête, jambe, & tout ce qui s'ensuit
Lui reviendra ; tu n'as qu'à me voir faire.
Tai-toi sur-tout ; car un mot seulement
Nous gâteroit tout notre enchantement ;
Nous ne pourrions revenir au mystere
De notre vie ; encore un coup *motus*,
Bouche cousue ; ouvre les yeux sans plus ;
Toi-même après pratiqueras la chose.
Pierre promet de se taire, & Jean dit :
Sus Madelaine ; il se faut, & pour cause,
Dépouiller nue, & quitter cet habit :
Dégrafez-moi cet atour des dimanches ;
Fort bien. Otez ce corset & ces manches ;
Encore mieux. Défaites ce jupon ;
Très-bien cela. Quand vint à la chemise,
La pauvre épouse eut en quelque façon
De la pudeur. Etre nue ainsi mise
Aux yeux des gens ! Madelaine aimoit mieux
Demeurer femme, & juroit ses grands Dieux

De ne souffrir une telle vergogne.
Pierre lui dit : Voilà grande besogne !
Et bien, tous deux nous saurons comme quoi
Vous êtes faite. Est-ce par votre foi
De quoi tant craindre ? Et là, là, Madelaine,
Vous n'avez pas toujours eu tant de peine
A tout ôter. Comment donc faites-vous
Quand vous cherchez vos puces ? Dites-nous :
Messire Jean est-ce quelqu'un d'étrange ?
Que craignez-vous? Hé quoi ? Qu'il ne vous mange?
Çà dépêchons ; c'est par trop marchandé.
Depuis le tems Monsieur notre curé
Auroit déjà parfait son entreprise.
Disant ces mots, il ôte la chemise,
Regarde faire, & ses lunettes prend.
Messire Jean par le nombril commence,
Pose dessus une main, en disant:
Que ceci soit beau poitrail de jument ;
Puis cette main dans le pays s'avance.
L'autre s'en va transformer ces deux monts,
Qu'en nos climats les gens nomment tetons :
Car quant à ceux qui sur l'autre hémisphere
Sont étendus, plus vastes en leur tour,
Par révérence on ne les nomme guere ;
Messire Jean leur fait aussi sa cour ;
Disant toujours pour la cérémonie,
Que ceci soit telle ou telle partie.

Ou belle croupe, ou beaux flancs, tout enfin.
Tant de façons mettoient Pierre en chagrin,
Et ne voyant nul progrès à la chose,
Il prioit Dieu pour la métamorphose.
C'étoit en vain ; car de l'enchantement
Toute la force & l'accomplissement
Gissoit à mettre une queue à la bête :
Tel ornement est chose fort honnête.
Jean ne voulant un tel point oublier,
L'attache donc : lors Pierre de crier,
Si haut qu'on l'eût entendu d'une lieue :
Messire Jean, je n'y veux point de queue :
Vous l'attachez trop bas, Messire Jean.
Pierre à crier ne fut si diligent,
Que bonne part de la cérémonie
Ne fût déjà par le prêtre accomplie.
A bonne fin le reste auroit été,
Si, non content d'avoir déjà parlé,
Pierre encor n'eût tiré par la soutane
Le curé Jean, qui lui dit : Foin de toi !
T'avois-je pas recommandé, gros âne,
De ne rien dire, & de demeurer coi ?
Tout est gâté : ne t'en prens qu'à toi-même.
Pendant ces mots l'époux gronde à part soi.
Madelaine est en un courroux extrême,
Querelle Pierre, & lui dit : Malheureux,
Tu ne seras qu'un misérable gueux

Toute ta vie ; & puis viens-t-en me braire ;
Viens me conter ta faim & ta douleur.
Voyez un peu : Monſieur notre paſteur
Veut de ſa grace à ce traîne-malheur
Montrer de quoi finir notre miſere :
Mérite-t-il le bien qu'on lui veut faire ?
Meſſire Jean , laiſſons-là cet oyſon :
Tous les matins tandis que ce veau lie
Ses choux, ſes aulx, ſes herbes, ſon oignon,
Sans l'avertir venez à la maiſon ;
Vous me rendrez une jument polie.
Pierre reprit : Plus de jument, ma mie ;
Je ſuis content de n'avoir qu'un griſon.

LES LUNETTES.

J'Avois juré de laisser-là les nonnes ;
Car que toujours on voie en mes écrits
Même sujet & semblables personnes,
Cela pourroit fatiguer les esprits.
Ma muse met guimpe sur le tapis ;
Et puis quoi ; guimpe ; & puis guimpe sans cesse,
Bref toujours guimpe, & guimpe sous la presse ;
C'est un peu trop. Je veux que les nonnains
Fassent les tours en amour les plus fins ;
Si ne faut-il pour cela qu'on épuise
Tout le sujet. Le moyen ? C'est un fait
Par trop fréquent : je n'aurois jamais fait.

Il n'est greffier dont la plume y suffise.
Si j'y tâchois, on pourroit soupçonner
Que quelque cas m'y feroit retourner :
Tant sur ce point mes vers font de rechûtes ;
Toujours souvient à Robin de ses flûtes.
Or apportons à cela quelque fin :
Je le prétens, cette tâche ici faite.

Jadis s'étoit introduit un blondin
Chez des nonnains, à titre de fillette :
Il n'avoit pas quinze ans, que tout ne fût ;
Dont le galant passa pour sœur Colette,
Auparavant que la barbe lui crût.
Cet entre-tems ne fut sans fruit ; le sire
L'employa bien : Agnès en profita :
Las, quel profit ! J'eusse mieux fait de dire,
Qu'à sœur Agnès malheur en arriva.
Il lui fallut élargir sa ceinture,
Puis mettre au jour petite créature,
Qui ressembloit comme deux gouttes d'eau,
Ce dit l'histoire, à la sœur jouvenceau.
Voilà scandale & bruit dans l'abbaye :
D'où cet enfant est-il plû ? Comme a-t-on,
Disoient les Sœurs en riant, je vous prie,
Trouvé céans ce petit champignon ?
Si ne s'est-il après tout fait lui-même.
La prieure est en un courroux extrême.

Avoir

Avoir ainſi ſouillé cette maiſon !
Bientôt on mit l'accouchée en priſon ;
Puis il fallut faire enquête du pere :
Comment eſt-il entré ? Comment ſorti ?
Les murs ſont hauts, antique la tourriere,
Double la grille, & le tour très-petit.
Seroit-ce point quelque garçon en fille ?
Dit la prieure, & parmi nos brebis
N'aurions-nous point, ſous de trompeurs habits,
Un jeune loup ? Sus, qu'on ſe déshabille :
Je veux ſavoir la vérité du cas.
Qui fut bien pris ? Ce fut la feinte ouaille ;
Plus ſon eſprit à ſonger ſe travaille,
Moins il eſpere échapper d'un tel pas.
Néceſſité, mere de ſtratagême,
Lui fit..... Eh bien ? Lui fit en ce moment
Lier..... Eh quoi ? Foin, je ſuis court moi-même :
Où prendre un mot qui diſe honnêtement
Ce que lia le pere de l'enfant ?
Comment trouver un détour ſuffiſant
Pour cet endroit ? Vous avez oui dire,
Qu'au tems jadis le genre humain avoit
Fenêtre au corps ; de ſorte qu'on pouvoit
Dans le dedans tout à ſon aiſe lire ;
Choſe commode aux médecins d'alors.
Mais ſi d'avoir une fenêtre au corps
Etoit utile ; une au cœur au contraire

Ne l'étoit pas, dans les femmes fur-tout ;
Car le moyen qu'on pût venir à bout
De rien cacher ? Notre commune mere
Dame nature, y pourvût fagement
Par deux lacets de pareille mefure.
L'homme & la femme eurent également
De quoi fermer une telle ouverture.
La femme fut lacée un peu trop dru :
Ce fut fa faute ; elle-même en fut caufe,
N'étant jamais à fon gré trop bien clofe.
L'homme au rebours ; & le bout du tiffu
Rendit en lui la nature perplexe ;
Bref le lacet à l'un & l'autre fexe
Ne put quadrer, & fe trouva, dit-on,
Aux femmes court, aux hommes un peu long.
Il eft facile à préfent qu'on devine
Ce que lia notre jeune imprudent ;
C'eft ce furplus, ce refte de machine,
Bout de lacet aux hommes excédent.
D'un brin de fil il l'attacha de forte,
Que tout fembloit auffi plat qu'aux nonnains ;
Mais fil ou foie, il n'eft bride affez forte
Pour contenir ce que bientôt je crains
Qui ne s'échappe. Amenez-moi des faints ;
Amenez-moi, fi vous voulez des Anges ;
Je les tiendrai créatures étranges,
Si vingt nonnains, telles qu'on les vit lors,

Ne font trouver à leurs efprits un corps.
J'entens nonnains ayant tous les tréfors
De ces trois fœurs dont la fille de l'onde
Se fait fervir ; chiches & fiers appas,
Que le foleil ne voit qu'au nouveau monde :
Car celui-ci ne les lui montre pas.
La prieure a fur fon nez des lunettes,
Pour ne juger du cas légérement.
Tout à l'entour font debout vingt nonnettes
En un habit, que vraifemblablement
N'avoient pas fait les tailleurs du couvent.
Figurez-vous la queftion qu'au fire
On donna lors ; befoin n'eft de le dire.
Touffes de lys, proportion du corps,
Secrets appas, embonpoint, & peau fine,
Fermes tetons, & femblables refforts
Eurent bientôt fait jouer la machine.
Elle échappa, rompit le fil d'un coup,
Comme un Courfier qui romproit fon licou,
Et fauta droit au nez de la prieure,
Faifant voler lunettes tout à l'heure
Jufqu'au plancher. Il s'en fallut bien peu
Que l'on ne vît tomber la lunetiere.
Elle ne prit cet accident en jeu.
L'on tint chapitre, & fur cette matiere
Fut raifonné long-tems dans le logis.
Le jeune loup fut aux vieilles brebis

Livré d'abord. Elles vous l'empoignerent,
A certain arbre en leur cour l'attacherent,
Ayant le nez devers l'arbre tourné,
Le dos à l'air avec toute la fuite ;
Et cependant que la troupe maudite
Songe comment il fera guerdonné,
Que l'une va prendre dans les cuifines
Tous les balais, & que l'autre s'en court
A l'arfenal où font les difciplines,
Qu'une troifieme enferme à double tour
Les fœurs qui font jeunes & pitoyables ;
Bref que le fort, ami du marjolet,
Ecarte ainfi toutes les détestables,
Vient un meûnier monté fur fon mulet,
Garçon quarré, garçon couru des filles,
Bon compagnon, & beau joueur de quilles.
Oh, oh! dit-il, qu'eft-ce là que je voi ?
Le plaifant faint ! Jeune homme, je te prie,
Qui t'a mis là ? Sont-ce ces fœurs ? Dis-moi :
Avec quelqu'une as-tu fait la folie ?
Te plaifoit-elle ? Etoit-elle jolie ?
Car à te voir, tu me portes, ma foi,
(Plus je regarde & mire ta perfonne)
Tout le minois d'un vrai croqueur de nonne.
L'autre répond : Hélas ! c'eft le rebours :
Ces nonnes m'ont en vain prié d'amours,
Voilà mon mal : Dieu me doint patience,

Car de commettre une si grande offense,
J'en fais scrupule, & fût-ce pour le Roi ;
Me donnât-on aussi gros d'or que moi.
Le meûnier rit, & sans autre mystere
Vous le délie, & lui dit : Idiot,
Scrupule, toi, qui n'es qu'un pauvre haire !
C'est bien à nous qu'il appartient d'en faire !
Notre curé ne seroit pas si sot.
Vîte, fui-t'en, m'ayant mis en ta place :
Car aussi-bien tu n'es pas comme moi
Franc du collier & bon pour cet emploi :
Je n'y veux point de quartier ni de grace :
Viennent ces sœurs ; toutes, je te répond,
Verront beau jeu, si la corde ne rompt.
L'autre deux fois ne se le fait redire ;
Il vous l'attache, & puis lui dit adieu.
Large d'épaule, on auroit vu le sire
Attendre nud les nonnains en ce lieu.
L'escadron vient, porte en guise de cierges,
Gaules & fouets ; procession de verges,
Qui fit la ronde à l'entour du meûnier,
Sans lui donner le tems de se montrer,
Sans l'avertir. Tout beau, dit-il, Mesdames ;
Vous vous trompez ; considérez-moi bien :
Je ne suis pas cet ennemi des femmes,
Ce scrupuleux qui ne vaut rien à rien.
Employez-moi, vous verrez des merveilles :

Si je dis faux, coupez-moi les oreilles.
D'un certain jeu je viendrai bien à bout;
Mais quant au fouet, je n'y vaux rien du tout.
Qu'entend ce ruftre, & que nous veut-il dire?
S'écria lors une de nos fans-dents:
Quoi, tu n'es pas notre faifeur d'enfans?
Tant pis pour toi, tu payras pour le fire.
Nous n'avons pas telles armes en main,
Pour demeurer en un fi beau chemin:
Tien, tien; voilà l'ébat que l'on defire.
A ce difcours, fouets de rentrer en jeu,
Verges d'aller, & non pas pour un peu;
Meûnier de dire en langue intelligible,
Crainte de n'être affez bien entendu,
Mefdames, je..... ferai tout mon poffible
Pour m'acquitter de ce qui vous eft du.
Plus il leur tient des difcours de la forte,
Plus la fureur de l'antique cohorte
Se fait fentir. Long-tems il s'en fouvint.
Pendant qu'on donne au maître l'anguillade,
Le mulet fait fur l'herbette gambade.
Ce qu'à la fin l'un & l'autre devint,
Je ne le fais, ni ne m'en mets en peine:
Suffit d'avoir fauvé le jouvenceau.
Pendant un tems les lecteurs, pour douzaine
De ces nonnains au corps gent & fi beau,
N'auroient voulu, je gage, être en fa peau.

LE CUVIER.

Soyez amant, vous serez inventif :
Tour ni détour, ruse ni stratagême
Ne vous faudront : le plus jeune apprentif
Est vieux routier, dès le moment qu'il aime :
On ne vit onc que cette passion
Demeurât court faute d'invention :
Amour fait tant qu'enfin il a son compte.
Certain cuvier, dont on fait certain conte,
En fera foi. Voici ce que j'en sais,
Et qu'un quidam me dit ces jours passés.

Dedans un bourg ou ville de province,
(N'importe pas du titre, ni du nom)
Un tonnelier & fa femme Nannon
Entretenoient un ménage affez mince.
De l'aller voir Amour n'eut à mépris,
Y conduifant un de fes bons amis.
C'eft cocuage : il fut de la partie,
Dieux familiers , & fans cérémonie,
Se trouvant bien dans toute hôtellerie ;
Tout eft pour eux bon gîte & bon logis ;
Sans regarder fi c'eft louvre ou cabane.
Un drôle donc careffoit Madame Anne,
Ils en étoient fur un point, fur un point.....
C'eft dire affez de ne le dire point ;
Lorfque l'époux revient tout hors d'haleine
Du cabaret : juftement, juftement...
C'eft dire encor ceci bien clairement.
On le maudit ; nos gens font fort en peine :
Tout ce qu'on put, fut de cacher l'amant :
On vous le ferre en hâte & promptement
Sous un cuvier, dans une cour prochaine.
Tout en entrant l'époux dit : J'ai vendu
Notre cuvier. Combien ? dit Madame Anne.
Quinze beaux francs. Vas, tu n'es qu'un gros âne,
Repartit-elle ; & je t'ai d'un écu
Fait aujourd'hui profit par mon adreffe,
L'ayant vendu fix écus avant toi.

Le marchand voit s'il eſt de bon alloi,
Et par dedans le tâte piece à piece,
Examinant ſi tout eſt comme il faut;
Si quelque endroit n'a point quelque défaut.
Que ferois-tu, malheureux, ſans ta femme?
Monſieur s'en va chopinant, cependant
Qu'on ſe tourmente ici le corps & l'ame;
Il faut agir ſans ceſſe en l'attendant:
Je n'ai goûté juſqu'ici nulle joie;
J'en goûterai déſormais, attend-t-y.
Voyez un peu, le galant à bon foye;
Je ſuis d'avis qu'on laiſſe à tel mari
Telle moitié. Doucement notre épouſe,
Dit le bon homme. Or ſus, Monſieur, ſortez;
Çà que je racle un peu de tous côtés
Votre cuvier, & puis que je l'arrouſe:
Par ce moyen vous verrez s'il tient eau;
Je vous réponds qu'il n'eſt moins bon que beau.
Le galant ſort: l'époux entre en ſa place,
Racle par-tout, la chandelle à la main,
Deçà delà, ſans qu'il ſe doute brin
De ce qu'Amour en dehors vous lui braſſe:
Rien n'en pût voir, & pendant qu'il repaſſe
Sur chaque endroit, affublé du cuveau,
Les Dieux ſuſdits lui viennent de nouveau
Rendre viſite, impoſant un ouvrage
A nos amans bien différent du ſien.

Il regrata, grata, frotta si bien,
Que notre couple ayant repris courage,
Reprit aussi le fil de l'entretien
Qu'avoit troublé le galant personnage.
Dire comment le tout se pût passer,
Ami lecteur, tu dois m'en dispenser;
Suffit que j'ai très-bien prouvé ma thése.
Ce tour fripon du coupe augmentoit l'aise:
Nul d'eux n'étoit à tels jeux apprentif.
Soyez amant, vous serez inventif.

LA CHOSE
IMPOSSIBLE.

Un démon plus noir que malin,
Fit un charme si souverain
Pour l'amant de certaine belle,
Qu'à la fin celui-ci posséda sa cruelle.
Le pact de notre amant & de l'esprit follet,
Ce fut que le premier jouiroit à souhait
De sa charmante inexorable.
Je te la rens dans peu, dit satan, favorable ;
Mais par tel si, qu'au lieu qu'on obéit au diable,

Quand il a fait ce plaisir-là,
A tes commandemens le diable obéira
Sur l'heure même, & puis sur la même heure
Ton serviteur lutin, sans plus longue demeure,
Ita te demander autre commandement,
　Que tu lui feras promptement :
　Toujours ainsi, sans nul retardement :
　　Sinon, ni ton corps, ni ton ame
　　N'appartiendront plus à ta Dame :
Ils feront à satan, & satan en fera
　　Tout ce que bon lui semblera.
　　Le galant s'accorde à cela.
　　Commander étoit-ce un mystere ?
　　Obéir est bien autre affaire.
　　Sur ce penser-là notre amant
S'en va trouver sa belle, en a contentement,
Goûte des voluptés qui n'ont point de pareilles,
Se trouve très-heureux ; hormis qu'incessamment
　　Le diable étoit à ses oreilles.
　　Alors l'amant lui commandoit
　　Tout ce qui lui venoit en tête ;
De bâtir des palais, d'exciter la tempête ;
En moins d'un tour de main cela s'accomplissoit.
　　Mainte pistole se glissoit
　　Dans l'escarcelle de notre homme.
　　Il envoyoit le diable à Rome :
Le diable revenoit tout chargé de pardons.

Aucuns voyages n'étoient longs,
Aucune chofe mal-aifée.
L'amant, à force de rêver
Sur les ordres nouveaux qu'il lui falloit trouver,
Vit bientôt fa cervelle ufée.
Il s'en plaignit à fa divinité,
Lui dit de bout en bout toute la vérité.
Quoi, ce n'eft que cela ? lui répartit la Dame:
Je vous aurai bientôt tiré
Une telle épine de l'ame.
Quand le diable viendra, vous lui préfenterez
Ce que je tiens, & lui direz:
Défrife-moi ceci ; fais tant par tes journées
Qu'il devienne tout plat. Lors elle lui donna
Je ne fais quoi, qu'elle tira
Du verger de Cypris, labyrinte des Fées,
Ce qu'un duc autrefois jugea fi precieux,
Qu'il voulut l'honorer d'une chevalerie ;
Illuftre & noble confrérie,
Moins pleine d'hommes que de dieux.
L'amant dit au démon : C'eft ligne circulaire
Et courbe que ceci ; je t'ordonne d'en faire
Ligne droite & fans nuls retours:
Vas-t'en y travailler, & cours.
L'efprit s'en va, n'a point de ceffe,
Qu'il n'ait mis le fil fous la preffe,
Tâche de l'applanir à grands coups de marteau,

Fait féjourner au fond de l'eau,
Sans que la ligne fût d'un feul point étendue:
De quelque tour qu'il fe fervît,
Quelque fecret qu'il eût, quelque charme qu'il fît,
C'étoit tems & peine perdue:
Il ne put mettre à la raifon
La toifon.
Elle fe révoltoit contre le vent, la pluie,
La neige, les brouillards: plus fatan y touchoit,
Moins l'annelure fe lâchoit.
Qu'eft ceci, difoit-il, je ne vis de ma vie
Chofe de telle étoffe: il n'eft point de lutin
Qui n'y perdit tout fon latin.
Meffire diable un beau matin
S'en va trouver fon homme, & lui dit: Je te laiffe.
Apprens-moi feulement ce que c'eft que cela:
Je te rens, tiens, le voilà;
Je fuis *victus*, je le confeffe.
Notre ami Monfieur le luiton,
Dit l'homme, vous perdez un peu trop-tôt courage;
Celui-ci n'eft pas feul, & plus d'un compagnon
Vous auroit taillé de l'ouvrage.

LE TABLEAU.

On m'engage à conter d'une maniere honnête
    Le ſujet d'un de ces tableaux,
    Sur leſquels on met des rideaux.
    Il me faut tirer de ma tête
Nombre de traits nouveaux, piquans & délicats,
    Qui diſent & ne diſent pas,
    Et qui ſoient entendus ſans notes
    Des Agnès même les plus ſottes :
Ce n'eſt pas coucher gros ; ces extrêmes Agnès
    Sont oiſeaux qu'on ne vit jamais.
Toute matrône ſage, à ce que dit Catule,

Regarde volontiers le gigantesque don ,
Fait au fruit de Vénus par la main de Junon :
A ce plaifant objet fi quelqu'une recule ,
    Cette quelqu'une diffimule.
Ce principe pofé, pourquoi plus de fcrupule ?
Pourquoi moins de licence aux oreilles qu'aux
          yeux ?
Puifqu'on le veut ainfi , je ferai de mon mieux :
Nuls traits à découvert n'auront ici de place ;
Tout y fera voilé ; mais de gafe ; & fi bien ,
    Que je crois qu'on ne perdra rien.
Qui penfe finement , & s'exprime avec grace ,
    Fait tout paffer ; car tout paffe :
    Je l'ai cent fois éprouvé :
    Quand le mot eft bien trouvé ,
Le fexe en fa faveur à la chofe pardonne :
Ce n'eft plus elle alors , c'eft elle encor pourtant :
    Vous ne faites rougir perfonne ;
    Et tout le monde vous entend.
J'ai befoin aujourd'hui de cet art important.
Pourquoi, me dira-t-on , puifque fur ces merveilles
Le fexe porte l'œil fans toutes ces façons ?
Je réponds à cela : Chaftes font fes oreilles ,
    Encor que les yeux foient fripons.
Je veux, quoi qu'il en foit , expliquer à des belles
Cette chaife rompue , & ce ruftre tombé :
Mufes, venez m'aider ; mais vous êtes pucelles
                   Au

Au joli jeu d'amour ne fachant A ni B...
Mufes, ne bougez donc : feulement par bonté
Dites au dieu des vers, que dans mon entreprife
 Il eft bon qu'il me favorife,
 Et de mes mots faffe le choix ;
 Ou je dirai quelque fottife,
Qui me fera donner du bufque fur les doigts.
C'eft affez raifonner ; venons à la peinture.
 Elle contient une aventure
 Arrivée au pays d'Amours.
 Jadis la ville de Cythere
 Avoit en l'un de fes fauxbourgs
  Un monaftere.
 Vénus en fit un féminaire,
Il étoit de nonnains, & je puis dire ainfi,
 Qu'il étoit de galants auffi.
 En ce lieu hantoient d'ordinaire
Gens de cour, gens de ville, & facrificateurs,
  Et docteurs,
Et bacheliers fur-tout. Un de ce dernier ordre
Paffoit dans la maifon pour être des amis ;
Propre, toujours rafé, bien difant, & beau fils :
Sur fon chapeau luifant, fur fon rabat bien mis
 La médifance n'eût fu mordre.
 Ce qu'il avoit de plus charmant,
C'eft que deux des nonnains alternativement
 En tiroient maint & maint fervice.

Tome II.   V

L'une n'avoit quitté les atours de novice
Que depuis quelques mois ; l'autre encor les portoit :
  La moins jeune à peine comptoit
  Un an entier par deſſus treize ;
  Age propre à ſoutenir théſe,
  Théſe d'amour : le bachelier
  Leur avoit rendu familier
  Chaque point de cette ſcience,
  Et le tout par expérience.
Une aſſignation pleine d'impatience
Fut un jour par les ſœurs donnée à cet amant ;
Et pour rendre complet le divertiſſement,
Bachus avec Cerès, de qui la compagnie
  Met Vénus en train bien ſouvent,
Devoient être ce coup de la cérémonie.
Propreté toucha ſeule aux apprêts du régal ;
Elle ſût s'en tirer avec beaucoup de grace :
Tout paſſa par ſes mains, & le vin, & la glace,
  Et les caraffes de criſtal :
On s'y feroit miré. Flore à l'haleine d'ambre,
  Sema de fleurs toute la chambre :
Elle en fit un jardin. Sur le linge ces fleurs
Formoient des lacs d'amour, & le chiffre des ſœurs.
  Leurs cloitrieres excellences
  Aimoient fort ces magnificences :
C'eſt un plaiſir de nonne. Au reſte, leur beauté
Aiguiſoit l'appétit auſſi de ſon côté.

Mille secrettes circonstances
De leurs corps polis & charmans
Augmentoient l'ardeur des amans.
Leur taille étoit presque semblable.
Blancheur, délicatesse, embonpoint raisonnable,
Fermeté, tout charmoit, tout étoit fait au tour;
En mille endroits nichoit l'amour,
Sous une guimpe, un voile, & sous un scapulaire,
Sous ceci, sous cela, que voit peu l'œil du jour,
Si celui du galant ne l'appelle au mystere.
A ces sœurs l'enfant de Cythere
Mille fois le jour s'en venoit
Les bras ouverts, & les prenoit
L'une après l'autre pour sa mere.
Tel ce couple attendoit le bachelier trop lent;
Et de lui, tout en l'attendant,
Elles disoient du mal, puis du bien, puis les belles
Imputoient son retardement
A quelques amitiés nouvelles.
Qui peut le retenir, disoit l'une, est-ce amour?
Est-ce affaire? Est-ce maladie?
Qu'il y revienne de sa vie,
Disoit l'autre, il aura son tour.
Tandis qu'elles cherchoient là-dessous du mystere,
Passe un Mazet portant à la dépositaire
Certain fardeau peu nécessaire.
Ce n'étoit qu'un prétexte, & selon qu'on m'a dit,

Cette dépositaire ayant grand appétit,
Faisoit sa portion des talens de ce rustre,
Tenu dans tels repas pour un traiteur illustre.
Le coquin, lourd d'ailleurs, & de très-court esprit
    A la cellule se méprit,
    Il alla chez les attendantes
    Frapper avec ses mains pesantes.
On ouvre, on est surpris, on le maudit d'abord,
    Puis on voit que c'est un trésor.
    Les nonnains s'éclatent de rire.
    Toutes deux commencent à dire,
Comme si toutes deux s'étoient donné le mot :
    Servons-nous de ce maître sot,
    Il vaut bien l'autre, que t'en semble ?
La professe ajoûta : C'est très-bien avisé :
Qu'attendions-nous ici ? Qu'il nous fût débité
De beaux discours ? Non, non, ni rien qui leur
    ressemble ?
Ce pitaut doit valoir, pour le point souhaité,
    Bachelier & docteur ensemble.
Elle en jugeoit très-bien. La taille du garçon,
    Sa simplicité, sa façon,
Et le peu d'intérêt qu'en tout il sembloit prendre,
    Faisoient de lui beaucoup attendre.
C'étoit l'homme d'Esope, il ne songeoit à rien,
    Mais il buvoit & mangeoit bien;
    Et si Xantus l'eût laissé faire,

Il auroit pouſſé loin l'affaire.
Ainſi bientôt apprivoiſé,
Il ſe trouva tout diſpoſé
Pour exécuter ſans remiſe
Les ordres des nonnains, les ſervant à leur guiſe
Dans ſon office de Mazet,
Dont il lui fut donné par les ſœurs un brevet.

Ici la peinture commence,
Nous voilà parvenus au point.
Dieu des vers, ne me quitte point;
J'ai recours à ton aſſiſtance.
Dis-moi pourquoi ce ruſtre aſſis,
Sans peine de ſa part, & très-fort à ſon aiſe,
Laiſſe le ſoin de tout aux amoureux ſoucis
De ſœur Claude & de ſœur Théreſe.
N'auroit-il pas mieux fait de leur donner la chaiſe?
Il me ſemble déja que je vois Apollon
Qui me dit : Tout beau, ces matieres
A fond ne s'examinent gueres.
J'entens; & l'Amour eſt un étrange garçon;
J'ai tort d'ériger un fripon
En maître de cérémonies.
Dès qu'il entre en une maiſon,
Regles & loix en ſont bannies,
Sa fantaiſie eſt ſa raiſon;
Le voilà qui rompt tout; c'eſt aſſez ſa coûtume;

Ses jeux font violens. A terré on vit bientôt
Le galant cathédral ; ou foit par le défaut
De la chaife un peu foible ; ou foit que du pitaut
    Le corps ne fût pas fait de plume ;
Ou foit que fœur Thérefe eût chargé d'action
Son difcours véhément, & plein d'émotion ;
On entendit craquer l'amoureufe tribune.
Le ruftre tombe à terre en cette occafion.
    Ce premier point eut par fortune
    Malheureufe conclufion.

Cenfeurs, n'approchez point d'ici votre œil
    profane.
Vous gens de bien, voyez comme fœur Claude mit
    Un tel incident à profit.
Thérefe en ce malheur perdit la tramontane,
Claude la débufqua, s'emparant du timon.
    Thérefe, pire qu'un démon,
Tâche à la retirer, & fe remettre au trône ;
    Mais celle-ci n'eft pas perfonne
    A céder un pofte fi doux.
    Sœur Claude, prenez garde à vous ;
    Thérefe en veut venir aux coups ;
Elle a le poing levé. Qu'elle ait. C'eft bien
    répondre,
Quiconque eft occupé comme vous, ne fent rien :
Je ne m'étonne pas que vous fachiez confondre

Un petit mal dans un grand bien.
Malgré la colere marquée
Sur le front de la débuſquée,
Claude ſuit ſon chemin , le ruſtre auſſi le ſien ;
Thérefe eſt mal contente & gronde,
Les plaiſirs de Vénus ſont ſources de débats ;
Leur fureur n'a point de ſeconde.
J'en prens à témoin les combats
Qu'on vit ſur la terre & ſur l'onde,
Lorſque Pâris à Ménélas
Ota la merveille du monde.
Quoique Bellone ait part ici,
J'y vois peu de corps de cuiraſſe.
Dame Vénus ſe couvre ainſi,
Quand elle entre en champ clos avec le dieu
de Thrace.
Cette armure a beaucoup de grace.
Belles , vous m'entendez : je n'en dirai pas plus :
L'habit de guerre de Vénus
Eſt plein de choſes admirables.
Les Cyclopes aux membres nuds
Forgent peu de harnois qui lui ſoient comparables :
Celui du preux Achille auroit été plus beau,
Si Vulcain eût deſſus gravé notre tableau.

Or ai-je des nonnains mis en vers l'avanture,
Mais non avec des traits dignes de l'action ;

Et comme celle-ci déchet dans la peinture,
La peinture déchet dans ma defcription :
Les mots & les couleurs ne font chofes pareilles,
    Ni les yeux ne font les oreilles.

    J'ai laiffé long-tems au filet
    Sœur Thérefe la détrônée :
    Elle eut fon tour : notre Mazet
    Partagea fi bien fa journée,
Que chacun fut content. L'hiftoire finit là ;
Du feftin pas un mot : je veux croire, & pour
        caufe,
    Que l'on bût & que l'on mangea :
    Ce fut l'intermede & la paufe.
Enfin tout alla bien, hormis qu'en bonne foi
L'heure du rendez-vous m'embarraffe, & pourquoi ?
Si l'amant ne vint pas, fœur Claude & fœur
        Thérefe
Eurent à tout le moins de quoi fe confoler ;
S'il vint, on fut cacher le lourdaut & la chäife,
L'amant trouva bientôt encore à qui parler.

LE

LE BAST.

UN peintre étoit, qui, jaloux de sa femme,
Allant aux champs, lui peignit un baudet
Sur le nombril, en guise de cachet.
Un sien confrere, amoureux de la Dame,
La va trouver, & l'âne efface net,
Dieu sait comment ; puis un autre en remet
Au même endroit, ainsi que l'on peut croire.
A celui-ci, par faute de mémoire,
Il mit un bât, l'autre n'en avoit point.
L'époux revient, veut s'éclaircir du point.

Voyez, mon fils, dit la bonne commere,
L'âne est témoin de ma fidélité.
Diantre soit fait, dit l'époux en colere,
Et du témoin, & de qui l'a bâté.

LE FAISEUR

D'OREILLES,

ET LE

RACCOMMODEUR DE MOULES.

Conte tiré des cent Nouvelles nouvelles,
& d'un Conte de Bocace.

SIRE Guillaume allant en marchandise,
Laissa sa femme enceinte de six mois,
Simple, jeunette, & d'assez bonne guise;

Nommée Alix, du pays Champenois.
Compere André l'alloit voir quelquefois :
A quel deffein, befoin n'eft de le dire ;
Et Dieu le fait : c'étoit un maître fire,
Il ne tendoit guere en vain fes filets ;
Ce n'étoit pas autrement fa coutume :
Sage eût été l'oifeau, qui de fes rets
Se fût fauvé fans laiffer quelque plume.

Alix étoit fort neuve fur ce point;
Le trop d'efprit ne l'incommodoit point :
De ce défaut on n'accufoit la belle.
Elle ignoroit les malices d'amour.
La pauvre Dame alloit tout devant elle,
Et n'y favoit ni fineffe ni tour.
Son mari donc fe trouvant en emplette,
Elle au logis, en fa chambre feulette,
André furvient, qui fans long compliment
La confidere ; & lui dit froidement :
Je m'ébahis comme au bout du Royaume
S'en eft allé le compere Guillaume,
Sans achever l'enfant que vous portez ;
Car je vois bien qu'il lui manque une oreille :
Votre couleur me le démontre affez,

En ayant vu mainte épreuve pareille.
Bonté de Dieu! reprit-elle aussi-tôt,
Que dites-vous? Quoi d'un enfant monaut
J'accoucherois! N'y savez-vous remede?
Si dà, fit-il; je vous puis donner aide
En ce besoin, & vous jurerai bien
Qu'autre que vous ne m'en feroit tant faire.
Le mal d'autrui ne me tourmente en rien,
Fors excepté ce qui touche au compere:
Quant à ce point je m'y ferois mourir.
Or essayons, sans plus en discourir,
Si je suis maître à forger des oreilles.
Souvenez-vous de les rendre pareilles,
Reprit la femme. Allez, n'ayez souci,
Repliqua-t-il, je prens sur moi ceci.
Puis le galant montre ce qu'il sait faire.
Tant ne fut nice (encor que nice fût)
Madame Alix, que le jeu ne lui plût.
Philosopher ne faut pour cette affaire.
André vaquoit de grande affection
A son travail; faisant ore un tendon,
Ore un repli, puis quelque cartilage;
Et n'y plaignant l'étofe & la façon.
Demain, dit-il, nous polirons l'ouvrage:

X 3

Puis le mettrons en fa perfection,
Tant & fi bien qu'en ayez bonne iſſue.
Je vous en fuis, dit-elle, bien tenue;
Bon fait avoir ici-bas un ami.
Le lendemain pareille heure venue,
Compere André ne fut pas endormi.
Il s'en alla chez la pauvre innocente,
Je viens, dit-il, toute affaire ceſſante,
Pour achever l'oreille que favez.
Et moi, dit-elle, allois par un meſſage
Vous avertir de hâter cet ouvrage:
Montons en haut. Dès qu'ils furent montés,
On pourſuivit la choſe commencée.
Tant fut ouvré, qu'Alix dans la penſée
Sur cette affaire un fcrupule fe mit;
Et l'innocente au bon apôtre dit:
Si cet enfant avoit pluſieurs oreilles,
Ce ne feroit à vous bien befogné.
Rien, rien, dit-il, à cela j'ai foigné:
Jamais ne faux en rencontres pareilles.
Sur le métier l'oreille étoit encor,
Quand le mari revient de fon voyage;
Careſſe Alix, qui du premier abord,
Vous aviez fait, dit-elle, un bel ouvrage;

Nous en tenions fans le compere André ;
Et notre enfant d'une oreille eût manqué.
Souffrir n'ai pu chofe tant indécente.
Sire André donc , toute affaire ceffante ,
En a fait une : il ne faut oublier
De l'aller voir , & l'en remercier :
De tels amis on a toujours affaire.
Sire Guillaume , au difcours qu'elle fit ,
Ne comprenant , comme il fe pouvoit faire ,
Que fon époufe eût eu fi peu d'efprit ,
Par plufieurs fois lui fit faire un récit
De tout le cas : puis outré de colere
Il prït une arme à côté de fon lit ;
Voulut tuer la pauvre Champenoife ,
Qui prétendoit ne l'avoir mérité.
Son innocence & fa naïveté
En quelque forte appaiferent la noife.
Hélas ! Monfieur , dit la belle en pleurant ,
En quoi vous puis-je avoir fait du dommage ?
Je n'ai donné vos draps ni votre argent ;
Le compte y eft ; & quant au demeurant ,
André me dit quand il parfit l'enfant ,
Qu'en trouveriez plus que pour votre ufage :

X 4

Vous pouvez voir ; fi je ments , tuez-moi :
Je m'en rapporte à votre bonne foi.

L'époux fortant quelque peu de colere ,
Lui répondit : Or bien, n'en parlons plus ;
On vous l'a dit, vous avez cru bien faire ,
J'en fuis d'accord : contefter là-deffus
Ne produiroit que difcours fuperflus :
Je n'ai qu'un mot. Faites demain enforte
Qu'en ce logis j'attrappe ce galant.
Ne parlez point de notre différend ;
Soyez fecrette , ou bien vous êtes morte.
Il vous le faut avoir adroitement ;
Me feindre abfent en un fecond voyage,
Et lui mander , par lettre ou par meffage ,
Que vous avez à lui dire deux mots.
André viendra ; puis de quelques propos
L'amuferez , fans toucher à l'oreille ;
Car elle eft faite, il n'y manque plus rien.
Notre innocente exécuta très-bien
L'ordre donné : ce ne fut pas merveille ;
La crainte donne aux bêtes de l'efprit.
André venu , l'époux guere ne tarde ,
Monte, & fait bruit. Le compagnon regarde

Où se sauver ; nul endroit il ne vit,
Qu'une ruelle en laquelle il se mit.
Le mari frappe : Alix ouvre la porte ;
Et de la main fait signe incontinent,
Qu'en la ruelle est caché le galant.

Sire Guillaume étoit armé de sorte,
Que quatre Andrés n'auroient pu l'étonner.
Il sort pourtant, & va quérir main forte :
Ne le voulant sans doute assassiner ;
Mais quelque oreille au pauvre homme couper ;
Peut-être pis, ce qu'on coupe en Turquie,
Pays cruel & plein de barbarie.
C'est ce qu'il dit à sa femme tout bas :
Puis l'emmena, sans qu'elle osât rien dire ;
Ferma très-bien la porte sur le sire.
André se crut sorti d'un mauvais pas,
Et que l'époux ne savoit nulle chose.
Sire Guillaume, en rêvant à son cas,
Change d'avis, en soi-même propose
De se venger avecque moins de bruit,
Moins de scandale, & beaucoup plus de fruit.
Alix, dit-il, allez querir la femme
De sire André ; contez-lui votre cas

De bout en bout ; courez ; n'y manquez pas
Pour l'amener vous direz à la Dame
Que son mari court un péril très-grand ;
Que je vous ai parlé d'un châtiment
Qui la regarde ; & qu'aux faiseurs d'oreilles
On fait souffrir, en rencontres pareilles,
Chose terrible, & dont le seul penser
Vous fait dresser les cheveux à la tête ;
Que son époux est tout prêt d'y passer ;
Qu'on n'attend qu'elle afin d'être à la fête,
Que toutefois, comme elle n'en peut mais,
Elle pourra faire changer la peine.
Amenez-la, courez : je vous promets
D'oublier tout, moyennant qu'elle vienne.

Madame Alix bien joyeuse s'en fut
Chez sire André, dont la femme accourut
En diligence, & quasi hors d'haleine ;
Puis monta seule ; & ne voyant André,
Crut qu'il étoit quelque part enfermé.
Comme la Dame étoit en ces alarmes,
Sire Guillaume ayant quitté ses armes,
La fait asseoir, & puis commence ainsi :
L'ingratitude est mere de tout vice.

André m'a fait un notable service,
Parquoi devant que vous sortiez d'ici,
Je lui rendrai, si je puis, la pareille.
En mon absence il a fait une oreille
Au fruit d'Alix : je veux d'un si bon tour
Me revancher ; & je pense une chose.
Tous vos enfans ont le nez un peu court :
Le moule en est assurément la cause.
Or je les sais des mieux raccommoder.
Mon avis donc est que sans retarder
Nous pourvoyons de ce pas à l'affaire.
Disant ces mots, il vous prend la commere,
Et près d'André la jetta sur le lit ;
Moitié raisin, moitié figue, en jouit.
La Dame prit le tout en patience ;
Benit le ciel, de ce que la vengeance
Tomboit sur elle, & non sur sire André ;
Tant elle avoit pour lui de charité.
Sire Guillaume étoit de son côté
Si fort émû, tellement irrité,
Qu'à la pauvrette il ne fit nulle grace
Du talion, rendant à son époux
Fêves pour pois, & pain blanc pour fouace.
Qu'on dit bien vrai, que se venger est doux !

Très-fage fut d'en ufer de la forte :
Puifqu'il vouloit fon honneur réparer,
Il ne pouvoit mieux que par cette porte
D'un tel affront à mon fens fe tirer.
André vit tout, & n'ofa murmurer ;
Jugea des coups ; mais ce fut fans rien dire ;
Et loua Dieu que le mal n'étoit pire.
Pour une oreille, il auroit compofé.
Sortir à moins, c'étoit pour lui merveilles,
Je dis à moins ; car vaut mieux, tout prifé,
Cornes gagner, que perdre fes oreilles.

LE FLEUVE

SCAMANDRE.

ME voilà prêt à conter de plus belle;
Amour le veut, & rit de mon serment :
Hommes & dieux, tout est sous sa tutelle,
Tout obéit, tout cede à cet enfant :
J'ai désormais besoin en le chantant
De traits moins forts, & déguisant la chose :
Car après tout, je ne veux être cause
D'aucun abus : que plutôt mes écrits

Manquent de fel, & ne foient d'aucun prix.
Si dans ces vers j'introduis & je chante
Certain trompeur, & certaine innocente;
C'eft dans la vue & dans l'intention
Qu'on fe méfie en telle occafion.
J'ouvre l'efprit, & rens le fexe habile
A fe garder de ces pieges divers.
Sotte ignorance en fait trébucher mille,
Contre une feule à qui nuiroient mes vers.

J'ai lu qu'un orateur eftimé dans la Grece,
Des beaux arts autrefois fouveraine maîtreffe,
Banni de fon pays, voulut voir le féjour
Où fubfiftoient encor les ruines de Troye;
Cimon fon camarade eut fa part de la joie:
Du débris d'Ilion s'étoit conftruit un bourg
Noble par fes malheurs; là Priam & fa cour
N'étoient plus que des noms, dont le tems fait
       fa proie.
Ilion, ton nom feul a des charmes pour moi;
Lieu fécond en fujets propres à notre emploi,
Ne verrai-je jamais rien de toi, ni la place
De ces murs élevés & détruits par des dieux,
Ni ces champs où couroient la fureur & l'audace,

Ni des tems fabuleux enfin la moindre trace,
Qui pût me préfenter l'image de ces lieux ?
Pour revenir au fait, & ne point trop m'étendre,
  Cimon le héros de ces vers,
  Se promenoit près du Scamandre.
Une jeune ingénue en ce lieu fe vint rendre,
Et goûter la fraîcheur fur ces bords toujours verds.
Son voile au gré des vents va flottant dans les airs:
Sa parure eft fans art, elle a l'air de bergere,
Une beauté naïve, une taille légere.
Cimon en eft furpris, & croit que fur ces bords
Vénus vient étaler fes plus rares tréfors.
Un antre étoit auprès : l'innocente pucelle
Sans foupçon y defcend, auffi fimple que belle.
Le chaud, la folitude ; & quelque Dieu malin
L'inviterent d'abord à prendre un demi bain.
Notre banni fe cache : il contemple, il admire,
  Il ne fait quels charmes élire ;
Il dévore des yeux & du cœur cent beautés;
Comme on étoit rempli de ces divinités
  Que la fable a dans fon empire,
Il fonge à profiter de l'erreur de ces tems;
Prend l'air d'un dieu des eaux, mouille fes
   vêtemens,

Se couronne de joncs, & d'herbe dégoutante ;
Puis invoque Mercure, & le dieu des amans.
Contre tant de trompeurs qu'eût fait une innocente ?
La belle enfin découvre un pied, dont la blancheur
            Auroit fait honte à Galatée,
            Puis le plonge en l'onde argentée,
Et regarde ses lys, non sans quelque pudeur.
Pendant qu'à cet objet sa vue est arrêtée,
Cimon approche d'elle : elle court se cacher
            Dans le plus profond du rocher.
Je suis, dit-il, le dieu qui commande à cette onde ;
Soyez-en la déesse, & régnez avec moi.
Peu de fleuves pourroient dans leur grotte profonde
Partager avec vous un aussi digne emploi :
Mon cristal est très-pur, mon cœur l'est davantage ;
Je couvrirai pour vous de fleur tout ce rivage,
Trop heureux, si vos pas le daignent honorer,
Et qu'au fond de mes eaux vous daigniez vous mirer.
            Je rendrai toutes vos compagnes
            Nymphes aussi, soit aux montagnes,
Soit aux eaux, soit aux bois ; car j'étens mon
            pouvoir
Sur tout ce que votre œil à la ronde peut voir.
L'éloquence du dieu, la peur de lui déplaire,
Malgré

Malgré quelque pudeur qui gâtoit le myftere,
    Conclurent tout en peu de tems.
La fuperftition caufe mille accidens.
On dit même qu'Amour intervint à l'affaire.
Tout fier de ce fuccès, le banni dit adieu.
    Revenez, dit-il, en ce lieu :
    Vous garderez que l'on ne fache
    Un hymen qu'il faut que je cache :
Nous le déclarerons, quand j'en aurai parlé
Au confeil qui fera dans l'olympe affemblé.
La nouvelle déeffe à ces mots fe retire,
Contente ? Amour le fait. Un mois fe paffe & deux,
Sans que pas un du bourg s'apperçut de leurs jeux.
O mortels ! eft-il dit qu'à force d'être heureux
Vous ne le foyez plus ! Le banni, fans rien dire,
Ne va plus vifiter cet antre fi fouvent.
    Une noce enfin arrivant,
Tous pour la voir paffer fous l'orme fe vont rendre.
La belle apperçoit l'homme, & crie en ce moment,
    Ah ! voilà le fleuve Scamandre.
On s'étonne, on la preffe, elle dit bonnement
Que fon hymen fe va conclure au firmament :
On en rit : car que faire ? Aucuns à coups de pierre
Pourfuivirent le dieu, qui s'enfuit à grand'erre.

D'autres rirent fans plus. Je crois qu'en ce tems-ci
L'on feroit au Scamandre un très-méchant parti.
    En ce tems-là femblables crimes
S'excufoient aifément : tous tems , toutes maximes.
L'époufe du Scamandre en fut quitte à la fin
    Pour quelques traits de raillerie ;
Même un de fes amans l'en trouva plus jolie :
C'eft un goût : il s'offrit à lui donner la main :
Les dieux ne gâtent rien : puis quand ils feroient
      caufe
Qu'une fille en valût un peu moins, dotez-la,
    Vous trouverez qui la prendra,
    L'argent répare toute chofe.

LA CONFIDENTE

SANS LE SAVOIR,

OU

LE STRATAGÊME.

JE ne connois rhéteur, ni maître-ès-arts
Tel que l'Amour : il excelle en bien dire ;
Ses argumens, ce font de doux regards :
De tendres pleurs, un gracieux sourire.

Y 2

La guerre auſſi s'exerce en ſon empire:
Tantôt il met aux champs ſes étendards,
Tantôt couvrant ſa marche & ſes fineſſes,
Il prend des cœurs entourés de remparts.
Je le ſoutiens : poſez deux fortereſſes ;
Qu'il en batte une, une autre le dieu Mars ;
Que celui-ci faſſe agir tout un monde ,
Qu'il ſoit armé, qu'il ne lui manque rien ;
Devant ſon fort je veux qu'il ſe morfonde ,
Amour tout nud fera rendre le ſien ;
C'eſt l'inventeur des tours & ſtratagêmes.
J'en vais dire un de mes plus favoris ;
J'en ai bien lu, j'en vois pratiquer mêmes,
Et d'aſſez bons , qui ne ſont rien au prix.

La jeune Aminte à Geronte donnée
Méritoit mieux qu'un ſi triſte hymenée ;
Elle avoit pris en cet homme un époux
Mal gracieux , incommode & jaloux.
Il étoit vieux ; elle à peine en cet âge ,
Où quand un cœur n'a point encore aimé ,
D'un doux objet il eſt bientôt charmé.
Celui d'Aminte ayant ſur ſon paſſage
Trouvé Cléon, beau , bien fait, jeune & ſage ,

Il s'acquitta de ce premier tribut,
Trop bien peut-être, & mieux qu'il ne fallut:
Non toutefois que la belle n'oppofe
Devoir & tout à ce doux fentiment;
Mais lors qu'Amour prend le fatal moment,
Devoir & tout, & rien c'eft même chofe.
Le but d'Aminte en cette paffion
Etoit, fans plus, la confolation
D'un entretien fans crime, où la pauvrette
Verfât fes foins en une ame difcrette.
Je croirois bien qu'ainfi l'on le prétend;
Mais l'appétit vient toujours en mangeant;
Le plus fûr eft ne fe point mettre à table.
Aminte croit rendre Cléon traitable:
Pauvre ignorante! Elle fonge au moyen
De l'engager à ce fimple entretien,
De lui laiffer entrevoir quelque eftime,
Quelque amitié, quelque chofe de plus,
Sans y mêler rien que de légitime:
Plutôt la mort empêchât tel abus!
Le point étoit d'entamer cette affaire.
Les lettres font un étrange myftere,
Il en provient maint & maint accident.
Le meilleur eft quelque fûr confident.

Où le trouver ? Geronte est homme à craindre.
J'ai dit tantôt qu'Amour savoit atteindre
A ses desseins d'une ou d'autre façon :
Ceci me sert de preuve & de leçon.
Cléon avoit une vieille parente,
Sévere & prude, & qui s'attribuoit
Autorité sur lui de gouvernante.
Madame Alis (ainsi l'on l'appelloit)
Par un beau jour eut de la jeune Aminte
Ce compliment, ou plutôt cette plainte :
Je ne sais pas pourquoi votre parent,
Qui m'est & fut toujours indifférent,
Et le sera tout le tems de ma vie,
A de m'aimer conçu la fantaisie.
Sous ma fenêtre il passe incessamment :
Je ne saurois faire un pas seulement
Que je ne l'aye aussitôt à mes trousses ;
Lettres, billets pleins de paroles douces,
Me sont donnés par une, dont le nom
Vous est connu ; je le tais pour raison.
Faites cesser pour Dieu cette poursuite ;
Elle n'aura qu'une mauvaise suite.
Mon mari peut prendre feu là-dessus,
Quant à Cléon, ses pas sont superflus ;

Dites-le lui de ma part, je vous prie.
Madame Alis la loue, & lui promet
De voir Cléon, de lui parler si net,
Que de l'aimer il n'aura plus d'envie.
Cléon va voir Alis le lendemain :
Elle lui parle, & le pauvre homme nie,
Avec serment, qu'il eût un tel dessein.
Madame Alis l'appelle enfant du diable ;
Tout vilain cas, dit-elle, est reniable ;
Ces sermens vains & peu dignes de foi
Mériteroient qu'on vous fît votre fausse.
Laissons cela, la chose est vraie ou fausse ;
Mais fausse ou vraie, il faut, & croyez-moi,
Vous mettre bien dans la tête qu'Aminte
Est femme sage, honnête, & hors d'atteinte :
Renoncez-y. Je le puis aisément,
Reprit Cléon. Puis au même moment
Il va chez lui songer à cette affaire.
Rien ne lui peut débrouiller le mystere.
Trois jours n'étoient passés entiérement :
Que revoici chez Alis notre belle :
Vous n'avez pas, Madame, lui dit-elle,
Encore vu, je pense, notre amant ;
De plus en plus sa poursuite s'augmente.

Madame Alis s'emporte, se tourmente :
Quel malheureux ! Puis l'autre la quittant,
Elle le mande : il vient tout à l'instant.
Dire en quels mots Alis fit sa harangue,
Il me faudroit une langue de fer ;
Et quand de fer j'aurois même la langue,
Je n'y pourrois parvenir. Tout l'enfer
Fut employé dans cette reprimande.
Allez, satan, allez vrai lucifer,
Maudit de Dieu. La fureur fut si grande,
Que le pauvre homme étourdi dès l'abord
Ne sut que dire : avouer qu'il eût tort,
C'étoit trahir par trop sa conscience.
Il s'en retourne, il rumine, il repense,
Il rêve tant, qu'enfin il dit en soi :
Si c'étoit là quelque ruse d'Aminte ?
Je trouve, hélas ! mon devoir dans sa plainte,
Elle me dit, ô Cléon, aime-moi,
Aime-moi donc, en disant que je l'aime :
Je l'aime aussi, tant pour son stratagême
Que pour ses traits. J'avoue en bonne foi
Que mon esprit d'abord n'y voyoit goutte ;
Mais à présent je n'en fais aucun doute :
Aminte veut mon cœur assurément,

Ah !

Ah ! si j'osois, dès ce même moment,
Je l'irois voir, & plein de confiance
Je lui dirois quelle est la violence,
Quel est le feu dont je me sens épris.
Pourquoi n'oser ? Offense pour offense,
L'amour vaut mieux encor que le mépris.
Mais si l'époux m'attrapoit au logis ?
Laissons-la faire ; & laissons-nous conduire.
Trois autres jours n'étoient passés encor,
Qu'Aminte va chez Alis pour instruire
Son cher Cléon du bonheur de son sort.
Il faut, dit-elle, enfin que je déserte ;
Votre parent a résolu ma perte ;
Il me prétend avoir par des présens :
Moi des présens ! C'est bien choisir sa femme :
Tenez, voilà rubis & diamans,
Voilà bien pis, c'est mon portrait Madame.
··· ément de mémoire on l'a fait ;
Car mon époux a tout seul mon portrait.
A mon lever cette personne honnête,
Que vous savez, & dont je tais le nom,
S'en est venue, & m'a laissé ce don.
Votre parent mérite qu'à la tête
On le lui jette ; & s'il étoit ici.....

Je ne me fens prefque pas de colere.
Oyez le refte : il m'a fait dire auffi
Qu'il fait fort bien qu'aujourd'hui pour affaire
Mon mari couche à fa maifon des champs;
Qu'incontinent qu'il croira que mes gens
Seront couchés, & dans leur premier fomme,
Il fe rendra devers mon cabinet.
Qu'efpere-t-il? Pour qui me prend cet homme?
Un rendez-vous? Eft-il fol en effet?
Sans que je crains de commettre Geronte,
Je poferois tantôt un fi bon guet,
Qu'il feroit pris, ainfi qu'au trebuchet,
Ou s'enfuiroit avec fa courte honte.
Ces mots finis, Madame Aminte fort.
Une heure après Cléon vint, & d'abord
On lui jetta les joyaux & la boëte :
On l'auroit pris à la gorge au befoin.
Eh bien, cela vous femble-t-il honnête?
Mais ce n'eft rien : vous allez bien plus loin.
Alis dit lors mot pour mot ce qu'Aminte
Venoit de dire en fa derniere plainte.
Cléon fe tint pour duement averti :
J'aimois, dit-il, il eft vrai, cette belle;

Mais puifqu'il faut ne rien efpérer d'elle,
Je me retire, & prendrai ce parti.
Vous ferez bien, c'eft celui qu'il faut prendre,
Lui dit Alis. Il ne le prit pourtant.
Trop bien minuit à grand'peine fonnant,
Le compagnon fans faute fe va rendre
Devers l'endroit qu'Aminte avoit marqué:
Le rendez-vous étoit bien expliqué.
Ne doutez pas qu'il n'y fût fans efcorte.
La jeune Aminte attendoit à la porte:
Un profond fomme occupoit tous les yeux,
Même ceux-là qui brillent dans les cieux
Etoient voilés par une épaiffe nue.
Comme on avoit toute chofe prévue,
Il entre vîte, & fans autre difcours,
Ils vont; ils vont au cabinet d'amours.
Là le galant dès l'abord fe récrie,
Comme la Dame étoit jeune & jolie,
Sur fa beauté: la bonté vint après,
Et celle-ci fuivit l'autre de près.
Mais dites-moi, de grace, je vous prie,
Qui vous a fait avifer de ce tour?
Car jamais tel ne fe fit en amour.

Z 2

Sur les plus fins je prétens qu'il excelle ;
Et vous devez vous-même l'avouer,
Elle rougit, & n'en fut que plus belle ;
Sur son esprit, sur ses traits, sur son zele,
Il la loua : ne fit-il que louer ?

LE REMEDE.

S I l'on se plaît à l'image du vrai ,
Combien doit-on rechercher le vrai même ?
J'en fais souvent dans mes contes l'essai ,
Et vois toujours que sa force est extrême ,
Et qu'il attire à soi tous les esprits.
Non qu'il ne faille en de pareils écrits
Feindre les noms : le reste de l'affaire
Se peut conter , sans en rien déguiser ;
Mais quant aux noms , il faut au moins les taire ,
Et c'est ainsi que je vais en user.

Z 3

Près du Mans donc, pays de sapience,
Gens pesant l'air, fine fleur de Normand,
Une pucelle eut naguere un amant,
Frais, délicat, & beau par excellence;
Jeune sur-tout : à peine son menton
S'étoit vêtu de son premier coton.
La fille étoit un parti d'importance :
Charmes & dot, aucun point n'y manquoit;
Tant & si bien que chacun s'appliquoit
A la gagner : tout le Mans y couroit.
Ce fut en vain; car le cœur de la fille
Inclinoit trop pour notre jouvenceau :
Les seuls parens, par un esprit Manceau,
La destinoient pour une autre famille.
Elle fit tant autour d'eux, que l'amant,
Bongré, malgré, je ne sais pas comment,
Eut à la fin accès chez sa maîtresse.
Leur indulgence, ou plutôt son adresse,
Peut-être aussi son sang & sa noblesse
Les fit changer : que sais-je quoi ? Tout duit
Aux gens heureux ; car aux autres tout nuit.
L'amant le fut : les parens de la belle
Surent priser son mérite & son zele :
C'étoit là tout : Eh que faut-il encor ?

Force comptant : les biens du siecle d'or
Ne font plus biens, ce n'est qu'une ombre vaine.
O tems heureux ! je prévois qu'avec peine
Tu reviendras dans le pays du Maine :
Ton innocence eût secondé l'ardeur
De notre amant, & hâté cette affaire ;
Mais des parens l'ordinaire lenteur
Fit que la belle, ayant fait dans fon cœur
Cet hymenée, acheva le myftere
Selon les us de l'ifle de Cythere.
Nos vieux romans, en leur ftyle plaifant,
Nomment cela *paroles de préfent.*
Nous y voyons pratiquer cet ufage,
Demi amour, & demi mariage,
Table d'attente, avant-goût de l'hymen.
Amour n'y fit un trop long examen :
Prêtre & parent tout enfemble, & notaire,
En peu de jours il confomma l'affaire ;
L'efprit Manceau n'eut point part à ce fait.
Voilà notre homme heureux & fatisfait,
Paffant les nuits avec fon époufée ;
Dire comment, ce feroit chofe aifée ;
Les doubles clefs, le brechet à l'enclos,
Les menus dons qu'on fit à la foubrette,

Rendoient l'époux jouiſſant en repos
D'une faveur douce autant que ſecrette.
Avint pourtant que notre belle un ſoir,
En ſe plaignant, dit à ſa gouvernante,
Qui du ſecret n'étoit participante :
Je me ſens mal, n'y ſauroit-on pourvoir ?
L'autre reprit : Il vous faut un remede ;
Demain matin nous en dirons deux mots.
Minuit venu, l'époux mal-à-propos,
Tout plein encor du feu qui le poſſéde,
Vient de ſa part chercher ſoulagement ;
Car chacun ſent ici-bas ſon tourment.
On ne l'avoit averti de la choſe.
Il n'étoit pas ſur les bords du ſommeil,
Qui ſuit ſouvent l'amoureux appareil,
Qu'incontinent l'Aurore aux doigts de roſe,
Ayant ouvert les portes d'Orient,
La gouvernante ouvrit tout en riant,
Remede en main, les portes de la chambre :
Par grand bonheur, il s'en rencontra deux :
Car la ſaiſon approchoit de ſeptembre,
Mois où le chaud & le froid ſont douteux.
La fille alors ne fut pas aſſez fine ;
Elle n'avoit qu'à tenir bonne mine,

Et faire entrer l'amant au fond des draps;
Chofe facile autant que naturelle;
L'émotion lui tourna la cervelle;
Elle fe cache elle-même, & tout bas
Dit en deux mots quel eft fon embarras.
L'amant fut fage : il préfenta pour elle
Ce que Brunel à Marphife montra.
La gouvernante ayant mis fes lunettes,
Sur le galant fon adreffe éprouva :
Du bain interne elle le régala,
Puis dit adieu, puis après s'en alla.
Dieu la conduife, & toutes celles-là
Qui vont nuifant aux amitiés fecrettes.
Si tout ceci paffoit pour des fornettes,
(Comme il fe peut, je n'en voudrois jurer)
On chercheroit de quoi me cenfurer.
Les critiqueurs font un peuple févere;
Ils me diront : votre belle en fortit
En fille fotte & n'ayant point d'efprit;
Vous lui donnez un autre caractere :
Cela nous rend fufpecte cette affaire;
Nous avons lieu d'en douter : auquel cas
Votre prologue ici ne convient pas.
Je répondrai.... Mais que fert de répondre ?

C'eſt un procès qui n'auroit point de fin :
Par cent raiſons j'aurois beau les confondre ;
Cicéron même y perdroit ſon latin.
Il me ſuffit de n'avoir en l'ouvrage
Rien avancé qu'après des gens de foi :
J'ai mes garants ; que veut-on davantage ?
Chacun ne peut en dire autant que moi.

LES AVEUX

INDISCRETS.

Paris sans pair n'avoit en son enceinte
Rien dont les yeux semblassent si ravis
Que de la belle, aimable, & jeune Aminte,
Fille à pourvoir, & des meilleurs partis.
Sa mere encor la tenoit sous son aîle ;
Son pere avoit du comptant & du bien :
Faites état qu'il ne lui manquoit rien.
Le beau Damon s'étant piqué pour elle,

Elle reçut les offres de son cœur :
Il fit si bien l'esclave de la belle,
Qu'il en devint le maître & le vainqueur :
Bien entendu sous le nom d'hymenée ;
Pas ne voudrois qu'on le crût autrement.
L'an révolu ce couple si charmant,
Toujours d'accord, de plus en plus s'aimant ;
(Vous eussiez dit la premiere journée)
Se promettoit la vigne de l'abbé ;
Lorsque Damon, sur ce propos tombé,
Dit à sa femme : Un point trouble mon ame ;
Je suis épris d'une si douce flamme,
Que je voudrois n'avoir aimé que vous,
Que mon cœur n'eût ressenti que vos coups,
Qu'il n'eût logé que votre seule image,
Digne, il est vrai, de son premier hommage.
J'ai cependant éprouvé d'autres feux ;
J'en dis ma coulpe, & j'en suis tout honteux.
Il m'en souvient, la nymphe étoit gentille,
Au fond d'un bois, l'amour seul avec nous ;
Il fit si bien, si mal, me direz-vous,
Que de ce fait il me reste une fille.

Voilà mon fort, dit Aminte à Damon :
J'étois un jour seulette à la maison ;

Il me vint voir certain fils de famille,
Bien fait & beau, d'agréable façon;
J'en eus pitié, mon naturel est bon:
Et pour conter tout de fil en aiguille,
Il m'est resté de ce fait un garçon.
Elle eut à peine achevé la parole,
Que du mari l'ame jalouse & folle
Au désespoir s'abandonne aussitôt.
Il sort plein d'ire, il descend tout d'un saut,
Rencontre un bât, se le met, & puis crie:
Je suis bâté. Chacun au bruit accourt,
Les pere & mere, & toute la mégnie,
Jusqu'aux voisins. Il dit, pour faire court,
Le beau sujet d'une telle folie.
Il ne faut pas que le lecteur oublie
Que les parens d'Aminte, bons bourgeois,
Et qui n'avoient que cette fille unique,
La nourrissoient, & tout son domestique,
Et son époux, sans que, hors cette fois,
Rien eût troublé la paix de leur famille.
La mere donc s'en va trouver sa fille;
Le pere suit, laisse sa femme entrer,
Dans le dessein seulement d'écouter.
La porte étoit entr'ouverte: il s'approche;

Bref il entend la noise & le reproche
Que fit sa femme à leur fille en ces mots:
Vous avez tort: j'ai vu beaucoup de sots,
Et plus encor de sottes en ma vie;
Mais qu'on pût voir telle indiscrétion,
Qui l'auroit cru? Car enfin, je vous prie,
Qui vous forçoit? Quelle obligation
De réveler une chose semblable?
Plus d'une fille a forligné; le diable
Est bien subtil; bien malins sont les gens:
Non pour cela que l'on soit excusable;
Il nous faudroit toutes dans des couvents
Claquemurer, jusqu'à notre hymenée.
Moi qui vous parle ai même destinée;
J'en garde au cœur un sensible regret.
J'eus trois enfans avant mon mariage.
A votre pere ai-je dit ce secret?
En avons-nous fait plus mauvais ménage?
Ce discours fut à peine proféré,
Que l'écoutant s'en court, & tout outré
Trouve du bât la sangle & se l'attache,
Puis va criant par-tout: *Je suis sanglé.*
Chacun en rit, encor que chacun sache
Qu'il a de quoi faire rire à son tour.

Les deux maris vont dans maint carrefour,
Criant, courant, chacun à sa maniere :
Bâté, le gendre, & *sanglé*, le beau-pere.
On doutera de ce dernier point-ci ;
Mais il ne faut telles choses mécroire.
Et par exemple, écoutez bien ceci :
Quand Roland sut les plaisirs & la gloire
Que dans la grotte avoit eu son rival,
D'un coup de poing il tua son cheval.
Pouvoit-il pas, traînant la pauvre bête,
Mettre de plus la selle sur son dos ?
Puis s'en aller, tout du haut de sa tête,
Faire crier, & redire aux échos,
Je suis bâté, sanglé, car il n'importe,
Tous deux sont bons. Vous voyez de la sorte
Que ceci peut contenir vérité :
Ce n'est assez, cela ne doit suffire ;
Il faut aussi montrer l'utilité
De ce récit ; je m'en vais vous la dire.
L'heureux Damon me semble un pauvre sire :
Sa confiance eut bientôt tout gâté,
Pour la sottise & la simplicité
De sa moitié, quant à moi, je l'admire.
Se confesser à son propre mari ?

Quelle folie. Imprudence eſt un terme
Foible à mon ſens pour exprimer ceci.
Mon diſcours donc en deux points ſe renferme.
Le nœud d'hymen doit être reſpecté,
Veut de la foi, veut de l'honnêteté :
Si par malheur quelque atteinte un peu forte
Le fait clocher d'un ou d'autre côté,
Comportez-vous de maniere & de ſorte
Que ce ſecret ne ſoit point éventé.
Gardez de faire aux égards banqueroute :
Mentir alors eſt digne de pardon.
Je donne ici de beaux conſeils ſans doute ;
Les ai-je pris pour moi-même ? Hélas ! non.

LE CONTRAT.

L E malheur des maris, les bons tours des Agnès
Ont été de tout tems le sujet de la fable :
Ce fertile sujet ne tarira jamais ;
　　C'est une source inépuisable.
A de pareils malheurs tous hommes sont sujets :
Tel qui s'en croit exempt est tout seul à le croire ;
　　Tel rit d'une ruse d'amour,
　　Qui doit devenir à son tour
Le risible sujet d'une semblable histoire.
　　D'un tel revers se laisser accabler ,

*Tome II.*A a

Eſt à mon gré ſottiſe toute pure.

Celui dont j'écris l'aventure,

Trouva dans ſon malheur de quoi ſe conſoler.

Certain riche bourgeois s'étant mis en ménage,

N'eut pas l'ennui d'attendre trop long-tems

Les doux fruits du mariage ;

Sa femme lui donna bientôt deux beaux enfans ;

Une fille d'abord, un garçon dans la ſuite.

Le fils devenu grand fut mis ſous la conduite

D'un précepteur ; non pas de ces pédans,

Dont l'aſpect eſt rude & ſauvage.

Celui-ci gentil perſonnage,

Grand maître-ès-arts, ſur-tout en l'art d'aimer,

Du beau monde avoit quelque uſage,

Chantoit bien, & ſavoit danſer ;

Et s'il faut déclarer tout le ſecret myſtere,

Amour, dit-on, l'avoit fait précepteur.

Il ne s'étoit introduit près du frere,

Que pour voir de plus près la ſœur.

Il obtient tout ce qu'il déſire,

Sous ce trompeur déguiſement :

Bon précepteur, fidele amant,

Soit qu'il régente, ou qu'il ſoupire ;

Il réuſſit également.

Déja son jeune pupille
Explique Horace & Virgile,
Et déjà la beauté qui fait tous ses desirs,
Sait le langage des soupirs :
Notre maître en galanterie
Très-bien lui fit pratiquer ses leçons.
Cette pratique aussitôt fut suivie
De maux de cœur, de pâmoisons ;
Non sans donner de terribles soupçons
Du sujet de la maladie :
Enfin tout se découvre, & le pere irrité
Ménace, tempête, crie.
Le docteur épouvanté
Se dérobe à sa furie.

La belle volontiers l'auroit pris pour époux ;
Pour femme volontiers il auroit pris la belle :
L'hymen étoit l'objet de leurs vœux les plus doux ;
Leur tendresse étoit mutuelle :
Mais l'amour aujourd'hui n'est qu'une bagatelle ;
L'argent seul aujourd'hui forme les plus beaux
nœuds :
Elle étoit riche, il étoit gueux ;
C'étoit beaucoup pour lui, c'étoit trop peu pour
elle.
Quelle corruption ! O siecle ! ô tems ! ô mœurs !

Conformité de biens, différence d'humeurs:
Souffrirons-nous toujours ta puiſſance fatale,
Mépriſable intérêt, opprobre de nos jours,
    Tyran des plus tendres amours?
    Mais faiſons trêve à la morale,
    Et reprenons notre diſcours.
Le pere bien fâché, la fille bien marrie;
Mais que faire? Il faut bien réparer ce malheur,
    Et mettre à couvert ſon honneur.
    Quel remede? On la marie,
Non au galant: j'en ai dit les raiſons;
Mais à certain quidam amoureux de teſtons,
    Plus que de fillette gentille,
Riche ſuffiſamment & de bonne famille;
Au ſurplus bon enfant, ſot, je ne le dis pas,
    Puiſqu'il ignoroit tout le cas;
Mais quand il le ſauroit, fait-il mauvaiſe emplette?
On lui donne à la fois vingt mille bons ducats,
    Jeune épouſe & beſogne faite.
    Combien de gens avec ſemblable dot,
Ont pris, le ſachant bien, la fille & le gros lot?
    Et celui-ci crut prendre une pucelle.
    Bien eſt-il vrai qu'elle en fit les façons:
Mais quatre mois après la ſavante Donzelle.

Montre le prix de ses leçons :
Elle mit au monde une fille.
Quoi déjà pere de famille,
Dit l'époux étant bien surpris !
Au bout de quatre mois ; c'est trop tôt : je suis pris :
Quatre mois, ce n'est pas mon compte.
Sans tarder, au beau-pere il va conter sa honte,
Prétend qu'on le sépare, & fait bien du fracas.
Le beau-pere sourit, & lui dit : Parlons bas,
Quelqu'un pourroit bien nous entendre :
Comme vous, jadis je fus gendre,
Et me plaignis en pareil cas :
Je parlai, comme vous, d'abandonner ma femme ;
C'est l'ordinaire effet d'un violent dépit.
Mon beau-pere défunt, Dieu veuille avoir son ame,
Il étoit honnête-homme, & me remit l'esprit.
La pillule, à vrai dire, étoit assez amere ;
Mais il sut la dorer, & pour me satisfaire,
D'un bon contrat de quatre mille écus,
Qu'autrefois pour semblable affaire,
Il avoit eu de son beau-pere,
Il augmenta la dot : je ne m'en plaignis plus.
Ce contrat doit passer de famille en famille.
Je le gardois exprès ; ayez-en même soin :

Vous pourrez en avoir befoin,
Si vous mariez votre fille.
A ce difcours, le gendre moins fâché
Prend le contrat, & fait la révérence.
Dieu préferve de mal ceux qu'en telle occurrence
On confole à meilleur marché.

LES QUI-PRO-QUO.

DAME fortune aime souvent à rire,
Et nous jouant un tour de son métier,
Au lieu des biens où notre cœur aspire,
D'un *Qui-pro-quo* se plaît à nous payer.
Ce sont ses jeux ; j'en parle à juste cause :
Il m'en souvient ainsi qu'au premier jour.
Cloris & moi nous nous aimions d'amour :
Au bout d'un an la belle se dispose
A me donner quelque soulagement,
Foible & léger, à parler franchement,
C'étoit son but ; mais quoi qu'on se propose,

L'occasion & le discret amant
Sont à la fin les maîtres de la chose.
Je vais au soir chez cet objet charmant :
L'époux étoit aux champs heureusement ;
Mais il revint, la nuit à peine close.
Point de Cloris : le dédommagement
Fut que le sort en sa place suppose
Une soubrette à mon commandement ;
Elle paya cette fois pour la Dame.
Disons un troc, où réciproquement
Pour la soubrette on employa la femme.
De pareils traits tous les livres sont pleins :
Bien est-il vrai qu'il faut d'habiles mains,
Pour amener chose ainsi surprenante.
Il est besoin d'en bien fonder le cas,
Sans rien forcer, & sans qu'on violente
Un incident qui ne s'attendoit pas.
L'aveugle enfant, joueur de passe-passe,
Et qui voit clair à tendre maint panneau,
Fait de ces tours : celui-là du berceau
Leve la paille à l'égard du Bocace ;
Car quant à moi, ma main pleine d'audace
En mille endroits a peut-être gâté
Ce que la sienne a bien exécuté.
Or il est tems de finir ma préface,
Et de prouver par quelque nouveau tour
Les *Qui-pro-quo* de fortune & d'amour.

On

On ne peut mieux établir cette chofe,
Que par un fait à Marſeille arrivé.
Tout en eſt vrai ; rien n'en eſt controuvé.
Là Clidamant, que par reſpeſt je n'oſe
Sous ſon nom propre introduire en ce vers,
Vivoit heureux, ſe pouvoit dire en femme
Mieux que pas un qui fût en l'Univers.
L'honnêteté, la vertu de la Dame,
Sa gentilleſſe, & même ſa beauté,
Devoient tenir Clidamant arrêté.
Il ne le fut : le diable eſt bien habile ;
Si c'eſt adreſſe & tour d'habileté,
Que de nous tendre un piege auſſi facile
Qu'eſt le deſir d'un peu de nouveauté.
Près de la Dame étoit une perſonne ;
Une ſuivante, ainſi qu'elle, mignonne,
De même taille & de pareil maintien,
Gente de corps : il ne lui manquoit rien
De ce qui plaît aux chercheurs d'aventures.
La Dame avoit un peu plus d'agrément ;
Mais ſous le maſque on n'eût ſu bonnement
Laquelle élire entre ces créatures.
Le Marſeillois, Provençal un peu chaud,
Ne manque pas d'attaquer au plutôt
Madame Alix ; c'étoit une ſoubrette.
Madame Alix, encor qu'un peu coquette,
Renvoya l'homme. Enfin il lui promet

Cent beaux écus, bien comptés, clair & net.
Payer ainſi des marques de tendreſſe,
En la ſuivante, étoit, vu le pays,
Selon mon ſens, un fort honnête prix.
Sur ce pied là, qu'eût coûté la maîtreſſe ?
Peut-être moins ; car le hazard y fait :
Mais je me trompe, & la Dame étoit telle,
Que tout amant, & tant fût-il parfait,
Auroit perdu ſon latin auprès d'elle :
Ni dons, ni ſoins, rien n'auroit réuſſi.
Devrois-je y faire entrer les dons auſſi ?
Las ! ce n'eſt plus le ſiecle de nos peres.
Amour vend tout, & nymphes & bergeres :
Il met le taux à maint objet divin :
C'étoit un Dieu, ce n'eſt qu'un échevin,
O tems ! ô mœurs ! ô coutume perverſe !
Alix d'abord rejette un tel commerce,
Fait l'irritée, & puis s'appaiſe enfin,
Change de ton, dit que le lendemain,
Comme Madame avoit deſſein de prendre
Certain remede, ils pourroient le matin
Tout à loiſir dans la cave ſe rendre.
Ainſi fut dit, ainſi fut arrêté ;
Et la ſoubrette ayant le tout conté
A ſa maîtreſſe, auſſi-tôt les femelles
D'un *Qui-pro-quo* font le projet entr'elles,
Le pauvre époux n'y reconnoîtroit rien,

Tant la fuivante avoit l'air de la Dame :
Puis fuppofé qu'il reconnût la femme ,
Qu'en pouvoit-il arriver ? Que tout bien :
Elle auroit lieu de lui chanter fa gamme.
Le lendemain par hazard Clidamant,
Qui ne pouvoit fe contenir de joie ,
Trouve un ami, lui dit étourdiment
Le bien qu'amour à fes defirs envoie.
Quelle faveur ! Non qu'il n'eût bien voulu
Que le marché pour moins fe fût conclu ;
Les cent écus lui faifoient quelque peine.
L'ami lui dit : Hé bien , foyons chacun
Et du plaifir & des frais en commun.
L'époux n'ayant alors fa bourfe pleine ,
Cinquante écus à fauver étoient bons :
D'autre côté, communiquer la belle ,
Quelle apparence ! Y confentiroit-elle ?
S'aller ainfi livrer à deux Gafcons !
Se tairoient-ils d'une telle fortune ?
Et devoit-on la leur rendre commune ?
L'ami leva cette difficulté,
Repréfentant que dans l'obfcurité
Alix feroit fort aifément trompée.
Une plus fine y feroit attrapée.
Il fuffiroit que tous deux tour-à-tour,
Sans dire mot, ils entraffent en lice ;
Se remettant du furplus à l'Amour,

B b z

Qui volontiers aideroit l'artifice.
Un tel silence en rien ne leur nuiroit;
Madame Alix, sans manquer, le prendroit
Pour un effet de crainte & de prudence.
Les murs ayant des oreilles, dit-on,
Le mieux étoit de se taire : à quoi bon
D'un tel secret leur faire confidence ?
Les deux galants ayant de la façon
Réglé la chose, & disposés à prendre
Tout le plaisir qu'Amour leur promettoit,
Chez le mari d'abord ils se vont rendre :
Là dans le lit l'épouse encore étoit.
L'époux trouva près d'elle la soubrette,
Sans nuls atours, qu'une simple cornette;
Bref en état de ne lui point manquer.
L'heure arriva : les amis contesterent
Touchant le pas, & long-tems disputerent.
L'époux ne fit l'honneur de la maison,
Tel compliment n'étant là de saison.
A trois beaux dez, pour le mieux, ils réglerent
Le précurseur, ainsi que de raison.
Ce fut l'ami : l'un & l'autre s'enferme
Dans cette cave, attendant de pied ferme
Madame Alix, qui ne vient nullement.
Trop bien la Dame en son lieu s'en vint faire
Tout doucement le signal nécessaire.
On ouvre, on entre, & sans retardement,

Sans lui donner le tems de reconnoître
Ceci, cela, l'erreur, le changement,
La différence enfin qui pouvoit être
Entre l'époux & son affocié,
Avant qu'il pût aucun change paroître,
Au dieu d'amour il fut facrifié.
L'heureux ami n'eut pas toute la joie,
Qu'il auroit eue en connoiffant fa proie.
La Dame avoit un peu plus de beauté,
Outre qu'il faut compter la qualité.
A peine fut cette fcene achevée,
Que l'autre acteur, par fa prompte arrivée,
Jette la Dame en quelque étonnement;
Car comme époux, comme Clidamant même,
Il ne montroit toujours fi fréquemment
De cette ardeur l'emportement extrême.
On imputa cet excès de fureur
A la foubrette, & la Dame en fon cœur
Se propofa d'en dire fa penfée.
La fête étant de la forte paffée,
Du noir féjour ils n'eurent qu'à fortir,
L'affocié des frais & du plaifir
S'en court en haut en certain veftibule;
Mais quand l'époux vit fa femme monter,
Et qu'elle eût vu l'ami fe préfenter,
On peut juger quel foupçon, quel fcrupule,
Quelle furprife eurent les pauvres gens:

Ni l'un ni l'autre ils n'avoient eu le tems
De compofer leur mine & leur vifage.
L'époux vit bien qu'il falloit être fage ;
Mais fa moitié penfa tout découvrir.
J'en fuis furpris : femmes favent mentir ;
La moins habile en connoît la fcience.
Aucuns ont dit qu'Alix fit confcience
De n'avoir pas mieux gagné fon argent ;
Plaignant l'époux, & le dédommageant,
Et voulant bien mettre tout fur fon compte :
Tout cela n'eft que pour rendre le conte
Un peu meilleur. J'ai vu les gens mouvoir
Deux queftions ; l'une, c'eft à favoir
Si l'époux fut du nombre des confreres,
A mon avis, n'a point de fondement,
Puifque la Dame & l'ami nullement
Ne prétendoient vaquer à ces myfteres.
L'autre point eft touchant le talion ;
Et l'on demande en cette occafion,
Si pour ufer d'une jufte vengeance,
Prétendre erreur & caufe d'ignorance,
A cette Dame auroit été permis.
Bien que ce foit affez là mon avis,
La Dame fut toujours inconfolable,

Dieu gard' de mal celles qu'en cas semblable
Il ne faudroit nullement consoler :
J'en connois bien qui n'en feroient que rire;
De celles-là je n'ose plus parler ,
Et je ne vois rien des autres à dire.

ÉPITAPHE

DE MONSIEUR

DE LA FONTAINE.

FAITE PAR LUI-MÉME.

JEAN s'en alla comme il étoit venu,
Mangeant son fonds après son revenu ;
Croyant le bien chose peu nécessaire.
Quant à son tems, bien sut le dispenser :
Deux parts en fit, dont il souloit passer
L'une à dormir & l'autre à ne rien faire.

Fin du Tome second.

TABLE

DES CONTES

Contenus dans le second Tome.

TABLE.

Fin de la Table du Tome fecond.

* 9 7 8 2 3 2 9 3 7 3 3 4 0 9 *